写给孩子的
博物笔记

人·自然·生命共同体

# 我到加岛
# 寻怪兽

*Galápagos*

保冬妮

著·绘·摄

全国优秀出版社
浙江少年儿童出版社
·杭州·

**图书在版编目（CIP）数据**

我到加岛寻怪兽/保冬妮著、绘、摄. —杭州：
浙江少年儿童出版社，2023.1
（写给孩子的博物笔记：人·自然·生命共同体）
ISBN 978-7-5597-2972-9

Ⅰ.①我…　Ⅱ.①保…　Ⅲ.①科学知识－少儿读物
Ⅳ.①Z228.1

中国版本图书馆 CIP 数据核字（2022）第 138984 号

责任编辑　　韩　　潇
美术编辑　　陈悦帆
责任校对　　马艾琳
责任印制　　孙　　诚

写给孩子的博物笔记　人·自然·生命共同体

**我到加岛寻怪兽**

WO DAO JIADAO XUN GUAISHOU

保冬妮　著·绘·摄

浙江少年儿童出版社出版发行
（杭州市天目山路 40 号）
浙江新华数码印务有限公司印刷　　全国各地新华书店经销
开本 787mm×1092mm　1/16　印张 10.875　字数 122000
2023 年 1 月第 1 版　　2023 年 1 月第 1 次印刷

**ISBN 978-7-5597-2972-9**　　　　**定价：45.00 元**
（如有印装质量问题，影响阅读，请与购买书店或承印厂联系调换）
承印厂联系电话:0571-85155604

**周忠和**

中国科学院院士
中国科普作家协会理事长

　　能够应邀为这套书写序，是我的荣幸。阅读书稿的过程本身就是一次次探索大自然的愉悦体验。

　　这是儿童文学作家写给孩子的一套旅行笔记，在国内并不多见。在这套书中，作家保冬妮走遍了地球的东南西北：乘坐游轮奔赴南极半岛，飞往斯瓦尔巴群岛坐科考船进入北极圈，穿越非洲，重走达尔文曾登陆过的加拉帕戈斯群岛……这一路风尘仆仆，却收获满满，让人羡慕不已。

　　此前，我并不认识作家保冬妮，但从她的文字、摄影作品和绘画中，我仿佛结识了一位对自然充满热爱、欣赏，对动植物怀抱友善、童心，带着小读者凝视自然、思考未来的作家。在这套书里，她拍摄了几百张美轮美奂的大自然照片，描绘了上百种野生动物。更难能可贵的是，她的作品并没有停留在旅行的浪漫情节上，而是把小读者带入人与自然、人与地球这个宏大的视野中，去思考自然与人类的命运、生命与地球的关系。这一点也让我充满了敬意。

合上这套书，我思绪万千。如果我们把时间的指针拨到50年、100年，甚至500年之后，如今书中的许多动物，比如北极熊、南极企鹅、非洲象、白犀牛……它们是否还存在呢？那被冰封雪冻的两极冰川是否还矗立着呢？人类是否会因为地球环境的恶化，已经移民到其他星球了呢？这并不是什么童话、科幻，而是一个关乎人类生存的严酷的现实话题。

带领孩子关注自然、探索自然、融入自然，思考人与自然的关系，是具有深远意义的。因为世界的平静不是常态，人类的发展与繁荣始终伴随着对自然的破坏，煤、石油等不可再生能源日益枯竭。我们不能让孩子停留在温馨又宁静的温室里，仅仅培育一株株美丽、柔弱却无法抵挡风雨的幼苗。

当今世界的发展到达了一个节点，地球已面临承载能力的巨大挑战。两极冰川的融化比历史上任何一个时期都要快、都要严重；物种的灭绝速度超过了其正常的自然灭绝速度；人类过度消费造成二氧化碳的巨大排放，全球气候持续变暖，增温速率创历史新高；海洋灾害频发，核污染危害海洋环境，海洋生物面临严重挑战；地球上的极端气候频繁出现；人类因自身发展需要，越来越多地侵占动植物的栖息地……以上种种现象如果得不到改变，那么地球上的动植物都将面临灭顶之灾。

改变人类的行为和观念，是避免地球环境出现崩塌式恶化的有效举措，而这些应该早早地让孩子们了解。我们处在急速变化的世界中，地球的环境已不可能再回到从前，人类只有早做预案，与地球、自然结合成生命共同体，才能应对接下来一个又一个艰巨的挑战。为此，我们需要正确引导孩子们，进而锻炼、培养他们适应环境变化的思维和能力，找到智慧的解决方案。

中国最早的旅行笔记是由明朝的地理学家、旅行家徐霞客所作。他用双脚"走"出的《徐霞客游记》是系统考察中国地质地貌的开山之作。15世纪，随着"大航海时代"的到来，欧洲的探险家、博物学家与航海家用日记、图画的形式记录了他们在欧洲以外探索新大陆时的发现和感想。其中，达尔文的自然笔记更是为科学史画上了浓墨重彩的一笔。

今天的孩子同样可以拿起笔，记录身边大自然的变化，发现其中的奥秘和神奇，进而关注、思考环境保护与可持续发展问题。相信这套书能引导孩子们走上探索自然、发现地球之美的道路。

周忠和

# 引言

在南美洲的大陆上，有个"赤道之国"厄瓜多尔。加拉帕戈斯群岛就隶属厄瓜多尔。加拉帕戈斯群岛的官方名字叫"科隆群岛"，但不管是当地人还是游客，都更喜欢沿用它最初的名字，称呼它为"加拉帕戈斯群岛"。

2020年春节前，我去了这个仿佛世外天堂一般的群岛。这里的岛屿全部由火山锥和火山熔岩组成，它们像珍珠一样散落在太平洋上。这里的1月，正是炎热的夏季，每一座岛屿仿佛都是动物们的游乐园。

假如你不知道地球史前的模样，来到这里，你就会感觉自己仿佛穿越时空，造访了史前的地球。这里的动物完全不怕人，它们对两条腿的人类充满好奇。这里的地理位置相对独立，没有受到太多外来生物的侵扰，象龟、陆鬣蜥、海鬣蜥……犹如生活在史前王国中。由于秘鲁寒流和赤道暖流在加拉帕戈斯群岛附近交汇，海水翻涌上来，带来了丰富的矿物质，滋养了大量的海洋生物。鱼类和鲸类汇聚此地，饱食大自然带来的海洋盛宴。

1978年，加拉帕戈斯群岛被联合国教科文组织列入《世界遗产名录》。这也是联合国教科文组织世界遗产委员会编号为"No.1"的遗产项目。下面，就由我带领大家开启一场纸上的旅行，让我们瞬间返回"侏罗纪公园"吧！

# 飞到"侏罗纪"世界，
## 我穿越的不仅仅是云层 ▶ ▶ ▶

# 01

## 我来到加拉帕戈斯群岛

从北半球的亚洲去往南半球的南美洲，在古时候，只有鸟类可以做到。后来，人们靠船远行，但这也仅是航海家、探险家们的专利。如今，我可以从北京飞往南美洲的一个小岛，难道是人长出翅膀变成鸟了吗？当然不是！是这一两百年来，世界科技和工业有了突飞猛进的发展。

位于南美洲的赤道国家厄瓜多尔，与中国有多大的关系呢？如果是 100 年前，那是啥关系也没有。但是 100 年后的今天，你的舌尖回旋着厄瓜多尔香蕉的味道；各大车展和婚礼上，你能看到世界极品玫瑰的芳容；在《国家地理》杂志的介绍里，你知道了加拉帕戈斯群岛上有达尔文的足迹，有世界罕见的象

◀ 厄瓜多尔首都基多的赤道纪念碑

龟、巨型蜥蜴、达尔文雀、蓝脚鲣鸟……中国和厄瓜多尔的距离忽然变得没那么遥远了。

那我还在等什么？我要立刻去加拉帕戈斯群岛！

我从美国的达拉斯转机飞到厄瓜多尔首都基多时，已是当地凌晨1点。街道上寂静无声，没有一辆车，也没有一个人，整座城市仿佛都沉睡了。到达基多后，我进了酒店倒头便睡。少年时的军旅生活，教会了我去适应一切不如意的环境。我不挑床，当然如果能有干净、舒适、温馨的睡房，那无疑是一种快乐的享受。

第二天一早，窗外嘲鸫的鸣叫声成了叫早闹钟，将我从床上唤醒。梳洗后，我走进酒店大堂，立刻被眼前的景象惊艳到了！

酒店大堂里的花坛、桌面、地板，到处点缀着各种新鲜的玫瑰，难道我走错地方了？当然不是。厄瓜多尔被称为"玫瑰之国"，娇艳的玫瑰无处不在，这才是这里的常态。

厄瓜多尔最有名的玫瑰是彩色玫瑰：一朵花上有红、黄、蓝三种颜色，正好与厄瓜多尔国旗的颜色相吻合。厄瓜多尔国旗中的黄色代表着耀眼温暖的太阳，蓝色代表浩瀚无垠的海洋，红色代表革命者为国家献出的生命和鲜血，因此这样的玫瑰在厄瓜多尔受到民众的普遍喜爱，特别畅销。

我在厄瓜多尔首都基多仅仅停留了48小时，凡是走过的酒吧、路过的商店、吃过的餐馆，处处都装点着不同种类和不同形式的玫瑰，不由得让人驻足。而且，每一种玫瑰都代表着不同的含义，表达着送花人、摆花人、爱花人一份独特的心意。

"厄瓜多尔"在西班牙语中就是"赤道"的意思，而厄瓜多尔首都基多也是世界上距离赤道最近的首都。基多海拔2850米，四季

气候宜人，是世界上气温年较差（一年中，月平均气温最高值与最低值之差）最小（仅 0.6℃）的城市。

此起彼伏的城市街道，到了夜晚更是璀璨迷人。站在基多的制高点——面包山上，我终于明白了这座城市在印第安语里的含义：有人居住的地方。

面包山上耸立着基多女神石雕像。站在雕像的脚下，我用女神的视角俯瞰整座基多古城：远处的皮钦查火山遮着面纱，古城云雾缭绕，灯光照亮每一处古迹和建筑，街道宛如靓丽的棋盘一般铺在眼前。蛙声喧唱着古老的歌谣，火山似乎已经隐在大雾中安然睡去，而我却格外清醒。

厄瓜多尔是个多火山的国家，所以基多市民被大家戏称为"睡在火山旁边的人"。就在我出发前的 2020 年 1 月，加拉帕戈斯群岛就有一座活火山开始喷发。我问了当地的向导，人家说没关系，不碍事。在厄瓜多尔，火山喷发和地震只要级别不是太高，大家都已习以为常。

看，睡在火山边上的人们是多么淡定，就像睡在火炉边上一样。

▼ 站在赤道纪念碑瞭望台，远眺安第斯山脉

## 火山之国

　　安第斯山脉像一柄巨剑从天而降，插进厄瓜多尔国土的中部。这里火山纵列，地震频繁。生活在"火山之国"厄瓜多尔，对人和动物来说都是不小的挑战。例如，加拉帕戈斯群岛独有的粉色鬣蜥就有可能因火山喷发而遭到灭绝，但它们又仅生活在火山区域。对此，你有什么想法呢？

## 香蕉之国

　　厄瓜多尔还是世界上公认的"香蕉之国"，这里是全世界香蕉产量与出口量最大的国家。在厄瓜多尔人看来，香蕉不仅是水果，还是蔬菜。你尝试过用香蕉做沙拉吗？炸香蕉、烤香蕉、香蕉派……这些美食的味道也不错，你不想试试吗？

# 02

## 是谁发现了神奇的群岛

我相信，读者朋友们一定知道，地球不是一颗以陆地占主要面积的星球，虽然我们人类居住在陆地上，但占我们这颗星球主要面积的是海洋。

加拉帕戈斯群岛位于太平洋上，距离南美洲大陆约 970 千米，1832 年归属厄瓜多尔。现在，人们也管它叫"科隆群岛"。由于这里与世隔绝，因此发展出了独特的生态环境，《国家地理》杂志把加拉帕戈斯群岛评为"人生一定要去的 50 个地方"之一，足见它的魅力有多大。但是，地球上有那么多海岛，为什么偏偏这个群岛如此独特呢？

首先，加拉帕戈斯群岛的地理位置相对独立，与南美洲大陆有一定的距离。从历史上看，南美洲的造船业并不发达，

没有造船能力的南美原住民无法离开陆地征帆远航。其次，欧洲有了航海技术之后，虽然可以远涉重洋了，但是由于风向和洋流的关系，想要到达加拉帕戈斯群岛也并非易事。

关于加拉帕戈斯群岛的记载，最早要追溯到 1535 年的春天，巴拿马主教弗赖托马斯·贝兰加与他的随从在去秘鲁的途中，因大风无法抵达而意外漂流到了加拉帕戈斯群岛上。他们看到这里的景象后大为震惊：地上满是岩浆的灰渣，寸草不生；地下水比海水还要咸；岛上的生物长得犹如来自地狱，喷着盐水的海鬣蜥、木讷的大象龟、金色的陆鬣蜥……随即，他们就以在这里见到的巨型陆龟命名了群岛——加拉帕戈斯。在西班牙语中，它就是巨龟的意思。

1570 年，著名的地图学家亚伯拉罕·奥特利乌斯在当时出版的地图集《世界概貌》上第一次标注了加拉帕戈斯群岛，虽然只是几个粗糙的小点，但它们揭开了加拉帕戈斯群岛神秘的面纱。

▼ 加拉帕戈斯群岛的陆鬣蜥

# 古代中国是航海大国

　　历史上，中国是个航海大国。距今 7000 年前的新石器时代晚期，我们的祖先就已能制造小舟。到了春秋战国时期，木帆船诞生，国与国之间出现了较大规模的海上运输与海上战争。到秦汉时期，徐福船队东渡日本，西汉海船远航印度洋，中国人在航海史上完成了一次又一次的壮举。到了明朝，郑和 7 次远航，《郑和航海图》就是根据他历次下西洋的航程综合整理绘制而成。郑和在世界航海史上具有开辟者和领航者的地位，他的壮举也是 15 世纪末欧洲"地理大发现"兴起以前，世界历史上规模最大的一系列海上探险。

# 03

沾了名人的光，我叫达尔文雀

## 达尔文与上帝分手的地方

老年达尔文　青年达尔文

在所有我查找、收集的旅行资料上都写着这样一句话："加拉帕戈斯群岛是达尔文与上帝分手的地方。"

为什么达尔文来到这个地方，就与上帝分手了呢？这还要从达尔文的生平讲起。

达尔文生活的时代，民众信仰上帝是创造一切的神灵。达尔文要去挑战所有人信奉的真理，不仅需要勇气，更要有扎实的理论依据。作为剑桥大学神学院的学生，一位未来的牧师，达尔文非常清楚这一点。那他到底掌握了什么秘密？又是怎样的一个人呢？

1809 年 2 月 12 日，达尔文出生在英国，他的祖父和父亲都是当地的医生，家里想让达尔文继承祖业。16 岁时，达尔文被父亲送进了爱丁堡大学的医学院。但是，这个天生对植物和动物感兴趣的年轻人，常去野外采集标本，并对自然历史产生了浓厚的兴趣。为了让儿子不要成天"不务正业"，父亲又把达尔文送进剑桥大学改学神学，但是达尔文对神学同样没有兴趣。所幸的是，他在剑桥结识了当时著名的植物学家约翰·亨斯洛和地质学家亚当·塞奇威克，并接受了植物学和地质学方面的科学培训。

▲ 圣克里斯托瓦尔岛的港湾

1831 年，英国军舰"贝格尔号"进行环球科学考察，急需一名博物学家，亨斯洛向舰长菲茨·罗伊推荐了对自然生物有着浓厚兴趣的达尔文。没想到一开始，舰长竟然没看上达尔文，因为他觉得达尔文的鼻子长得不够坚挺。但是，再没有比达尔文更合适的人选了，总不能因为他鼻子长得不如意，就不允许他同行吧？

▼ 圣克里斯托瓦尔岛的灯塔

要知道，缺少一个有趣的同行者，漫长的航程能把正常人逼疯。于是，这位舰长考虑再三，最后还是接受了达尔文作为博物学家与他的舰队一起环球远航。那一年，达尔文 22 岁。

"贝格尔号"从英国出发，穿越北大西洋到达南美洲，然后沿着南美洲的西岸航行。当船行驶到阿根廷的布兰卡湾时，达尔文发现了一块大地懒（一种史前哺乳动物，现已灭绝）的下颌骨化石，这块动物化石对达尔文来说意义非凡。他的内心开始汹涌澎湃：新物种是如何在世界上出现的？难道真的是由上帝创造的吗？上帝为什么又让某些物种消失呢？

随着旅行中的发现越来越多，达尔文陷入了巨大的恐慌之中。同时，他又倍感兴奋，对真理世界的追求，冲击着他一直以来的宗

▼ 巴托洛梅岛

▼ 巴托洛梅岛著名的尖顶岩石

坚果真好吃

教信仰；采集的标本越多，他越接近最后的真相。

1835 年 9 月，达尔文到达加拉帕戈斯群岛的时候，岛上的奇景让他着实震惊——由于加拉帕戈斯群岛远离大陆，整个群岛像是被地球遗忘的角落。群岛上的大部分动物都没有天敌，也没有进化出对人类的防御机制，因此不管是鸟类还是爬行动物，都没有在意人类的到来，而是把人类当成另一种擦肩而过的动物。得天独厚的地理环境使得这里的野生动物依然保留着最古老的生活习性。通过对岛上鸟类的观察和研究，达尔文发现了演化的蛛丝马迹。他发现各个岛屿上的雀鸟虽然外形相似，却长着形态不同的喙：厚实的用来咬碎种子，长而锋利的用来吸吮花蜜，尖细小巧的用来叼出岩缝里的小虫，用途各有不同。

在加拉帕戈斯群岛进行了一个多月的考察研究后，"贝格尔号"继续向南半球进发，到达澳大利亚的悉尼后，沿着澳大利亚的南岸行驶，后进入印度洋，绕道非洲的好望角进入北大西洋，最后回到了英国。

这趟环球考察历时 5 年，彻底改变了达尔文的生活。除了带回大量的植物和动物标本外，达尔文本人的自然观也有了重大突破。他带着巨大的疑问，开始专注于研究自己的发现。

1859 年，在离开加拉帕戈斯群岛 24 年后，轰动世界的《物种起源》终于问世了，从加拉帕戈斯群岛采集到的 400 多件生物标本

▲ 礁石边的海鬣蜥

奠定了《物种起源》的基石。该书一经面世，便被络绎不绝的读者抢购一空。在这本书中，达尔文阐述了物种起源的核心思想：进化论。

《物种起源》永远改变了人们对地球生命的整体理解，直到临终，达尔文都一直坚信，荒岛加拉帕戈斯是他所有思想的起源，是《物种起源》的起源。

1882 年 4 月 19 日，达尔文因病逝世，人们把这位伟大的科学家安葬在伦敦威斯敏斯特教堂内牛顿的墓旁，以表达对他的敬仰。

达尔文是他那个时代勇敢的发现者与探索者，我们的时代也会出现属于我们时代的科学攀登者。在这个攀登者群体中，会有你的身影吗？

# 生物学中有关进化的观点

　　生物都有繁殖过剩的倾向，而生存空间和食物是有限的，所以生物必须"为生存而斗争"。在同一种群中的个体存在着变异，那些具有能适应环境的有利变异的个体将存活下来并繁殖后代，不具有有利变异的个体将被淘汰。如果自然条件的变化是有规律的，经过长期的自然选择，微小的变异会得到积累进而成为显著的变异，并由此可能导致亚种和新物种的形成。

# 04

## 人间秘境里的珍稀物种：象龟

我从厄瓜多尔首都基多乘早上 10 点半的飞机，前往加拉帕戈斯群岛中最东端的圣克里斯托瓦尔岛。在登机之前，基多的酒店就对所有前往加拉帕戈斯群岛的旅客进行了一次行李检查。所有人的行李须交由特定检查人员检查后进行封闭处理，直到抵达加拉帕戈斯群岛之后才能提取开箱。

在厄瓜多尔，很多岛屿都有西班牙语和英语两个名字，比如圣克里斯托瓦尔岛也叫恰塔姆岛。1835 年，乘坐"贝

▼ 圣克里斯托瓦尔岛的象龟

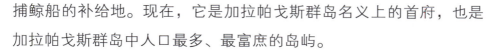

# 你有我的腿粗吗

格尔号"而来的达尔文就登
上过这座岛。这里曾因是加
拉帕戈斯群岛中唯一四季都
有淡水的地方，从而成为海盗与
捕鲸船的补给地。现在，它是加拉帕戈斯群岛名义上的首府，也是
加拉帕戈斯群岛中人口最多、最富庶的岛屿。

　　圣克里斯托瓦尔岛方圆 558 平方千米，岛上约 85% 的面积为
野生动物居住的国家公园，其余区域为人类活动的城市和农村。虽
然圣克里斯托瓦尔岛是加拉帕戈斯群岛的首府，但这里的人口数量
也仅有 5000 多人，还没有北京方庄小区的人口多。

　　到达岛上放好行李已是当地时间下午 2 点，这里和北京有 13
个小时的时差。赤道的艳阳足以晒伤皮肤，我带上渔夫帽，抹上防
晒霜，背上相机，坐上在港口预约好的汽车，经过 1 个多小时的行程，
钻入了赤道的密林深处，去参观岛上的象龟繁育中心。

　　象龟，在生物分类学上是爬行纲龟鳖目陆龟科象龟属的俗称，
它们是陆生龟类中最大的一种，以腿粗得像大象的脚而得名。生活
在非洲、美洲、亚洲、大洋洲的象龟，都因人类的捕杀而濒临灭绝。
生活在加拉帕戈斯群岛上的象龟是世界上现存体形最大的陆龟，它
们体长可达 1.8 米，这完全是史前动物的级别啊！但是如此罕见的
珍稀物种，命运却并没有好到哪里去。

　　在达尔文随科考船来到这里之后，象龟遭到了灭顶之灾。1839
年，达尔文在日记中这样写道："我们完全依靠龟来获取食物，把龟

▲ 岛上特有的植物　　　▲ 雅辛图·戈迪略繁育中心　　　▲ 保护区繁育的小象龟

的腹甲放到火上烤一烤，连着肉一块儿吃，味道很不错，幼龟可以熬成美味的龟汤……"可见在达尔文的时代，象龟就已成为滥捕滥杀的对象。

当时，凡是路过这里的船只，不管是欧洲的航海舰队，还是捕鲸人的捕鲸船，甚至是海盗的海盗船，都把性格温和、行动迟缓的象龟当成了最易储藏的美味"肉山"。

在加拉帕戈斯群岛被发现后的几百年间，25万只巨型象龟成了人类的"肉罐头"，两个亚种惨遭灭绝。如今，抢救象龟成为加拉帕戈斯群岛上各大繁育中心的当务之急。

第一天上岛，我完全没有经验，不知道这里蚊虫的凶猛，即使喷上了大量从北京带来的防蚊水仍无济于事。在去往雅辛图·戈迪略繁育中心（Jacinto Gordillo Breeding Center）的路上，走着走着，我突然感觉胳膊和腿上奇痒无比。这里的蚊虫在袭击前，连"我开始吃了"的提醒都不带有的，悄无声息地就开始疯狂地叮咬我。我汗出得越多，蚊虫就追得越紧。可身处赤道，怎么可能不出汗呢？罢了，罢了，这次我只好当了一回蚊子的"输血机器"。最后，等我大汗淋漓地爬上繁育中心的养育园时，已经被蚊子叮得遍体红包。后来我才知道，只有当地超市卖的防蚊水才能击退圣克里斯托瓦尔岛上蚊子的进攻。

雅辛图·戈迪略繁育中心建在圣克里斯托瓦尔岛东北部的原始森林中，四周丛林环抱。我跨过泥泞的林间小道，爬上红色火山岩铺就的碎石子陡坡，再次进入遮天蔽日的密林。这里除了有巨型象龟外，还生活着马齿苋科植物和圣岛嘲鸫，它们都是圣克里斯托瓦尔岛上的稀有物种。

在繁育中心，我发现不同年龄的象龟会被分在不同的培育基地里。刚出壳一两岁的象龟，比鸡蛋大不了多少，由于它们外形非常相似，放在铁丝笼子里喂养难免会被认错，因此工作人员会用黄色的油彩在小象龟的背上写上它们各自的编号，就像名字一样，便于识别。大一些的象龟，会被放在有树、水塘和假山的小景观池里。更大一些的成年象龟则会被放生野外，它们惬意地窝在水塘或湿地里，享用着林中所有可以吃到的植物。

据说，象龟这种巨大的爬行动物可以长时间不饮水。一旦遇到水源，它们会一次性喝个够，即便之后 18 个月没有水喝，它们也能存活。不过，我每次在岛上遇到大象龟，它们都好像刚从泥坑里爬出来似的，浑身湿漉漉、脏兮兮的。

别看我体形大，我的性格可好了

别误会，我可不是巴西龟

当我从雅辛图·戈迪略繁育中心回到巴克里索·莫雷诺港时，晚霞已经把港口染成了金红色。成群的红石蟹在岸边的礁石上爬来爬去。港口附近的沙滩上，众多海狮横七竖八地卧在被晒得滚烫的沙砾中。这里的海狮非常出名，它们视港口为自己的地盘，大摇大摆地躺在港口亭子下的长椅上，把那儿当成自己的床榻，相互拥抱着。小海狮吃着妈妈的奶，成年海狮像喝醉了的渔夫一样，摇摇摆摆地从我们身边经过，毫不理会两条腿的人类。

离港口不远的栈道旁，伫立着达尔文的半身像。我不禁感慨：看到与100多年前截然不同的小岛，达尔文又会怎么想呢？

这时，一只夜鹭宝宝突然咋咋呼呼地飞过来，翅膀擦着我的发梢飞上了旁边的树杈。夜鹭叽叽呱呱地叫着，仿佛在告诉我们：天色已晚，应该上船了。

的确，蓝黑色的夜幕已经拉开。夜色笼罩下的小镇上，年轻人三三两两地聚在一起，在空地上跳起了热烈的拉丁舞蹈。卖香蕉的小贩也开始收摊，我们赶紧向码头大道走去。

黑暗中，海岸边的栏杆上站着一只比家鹅还要大的鸟。我打开手机，用灯光一照，原来是一只褐鹈鹕。只见它扇动巨大的翅膀飞身而下，转眼间，海里的一条鱼便成了它的夜宵。

晚上9点，停靠在巴克里索·莫雷诺港里的"无限号"终于起锚了，它将成为我未来10天海上漂泊生活的"陆地"。

## 象龟为什么是海盗重要的补给食物

两百多年前，捕鲸人和海盗们以象龟为食的主要原因是海上航行时，很难遇到淡水补给。如果船上储存着几十只象龟的话，不仅食物问题得到了解决，而且打开象龟的"心包"（象龟脖子上的一个特殊结构）和膀胱，直接就可以获得淡水，这简直就是一种绝佳的储藏品。这个世界上，大多数动物似乎都抵挡不了人类的饕餮之欲。你怎么看待人与动物的关系呢？

▼ 草丛里正在进食的象龟

# 05

## 漂泊大陆上的地理课

　　离开巴克里索·莫雷诺港后，我开始了为期 10 天的海上"漂泊"生活。在太平洋上生活 10 天，对我来说又是一次充满期待的体验。

　　我曾在北冰洋上旅行过小半个月，也曾在南极经历过德雷克海峡的风暴，因此，短暂地失去陆地生活对我来说，并没有太大的心理压力。和达尔文所处的时代相比，如今无论是游轮还是科考船，都有了更为安全的保障，而且乘坐的舒适度、设备的先进性、食物的储备量都超乎想象。

　　"无限号"在漆黑的夜里起航了，我好像进入了一个大摇篮。睡前，我打开电脑，再次对加拉帕戈斯群岛的整体情况做了一次"预习"。

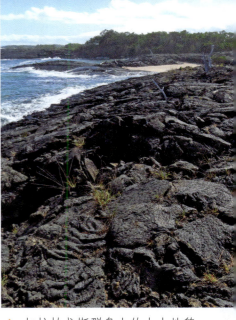

加拉帕戈斯群岛由 7 个大岛，23 个小岛，以及 50 多个岩礁组成（也有说是由 9 个较大岛和许多小岛及岩礁组成），可见对大与小，大家在认识上各有差异。值得一提的是，加拉帕戈斯群岛全部由火山锥和火山熔岩组成。

相较于其他大陆，加拉帕戈斯群岛可以说是地球上最年轻的陆地。它就像是火山喷发"刚刚"从海底冒出来的"小弟弟"，因为年轻，所

▲ 加拉帕戈斯群岛上的火山地貌

以这里的一切都还没有稳定下来。组成加拉帕戈斯群岛的各大岛屿仿佛是生命传送带上的地质标本，从出生到衰老，一一排列并展示在我们眼前。这些岛屿至今没有停止年轻的躁动，火山喷发、各类大小地震和侵蚀时有发生。这样的奇观更像是时间的一个缩影，把亿万年来地质结构的变化直观地搬到了我们眼前。

让我们来想象一下，当火山的喷发造就了一个小岛的诞生，而

▼ 费尔南迪纳岛的熔岩仙人掌

23

这里又位于太平洋上，距离绿树成荫的南美大陆有 900 多千米，那么小岛上的生命会如何出现呢？

一只迁徙的鸟飞越岛屿上空，无意中的一次排便，将没有消化的种子掉落在了岩石缝隙中。十几年过去后，种子长成参天大树。

许多种子被吹进大海，被洋流带着漂洋过海，它们卡在了岛屿沿岸的礁石上，被风带到了附近的土壤里，安然地驻扎下来，慢慢成长为覆盖土壤的植被。

有了植被，迁徙的鸟群再路过这里时，看到有种子和虫子可以吃，开心得不得了。它们停下来，把这里当成了迁徙途中的繁殖地和休息场，而那些从海里游过来的动物，也把这里当成了完美的聚居地。于是，加拉帕戈斯群岛的生命形态渐渐丰富起来。

同时，得天独厚的气候条件也促进了这里物种的多样化。秘鲁寒流和赤道暖流在此交汇，虽处于赤道，但加拉帕戈斯群岛气候凉爽，草木茂盛，四周被汪洋大海所阻隔，形成了一个独立的生态系统。各种生物在这里融合、进化，形成海洋物种的"大熔炉"：加拉帕戈斯象龟、陆鬣蜥、海鬣蜥、加岛企鹅……无论是喜寒还是喜暖的动物，全留在了这里，成为加拉帕戈斯群岛标志性的物种。

今天，无论是谁，只要踏进加拉帕戈斯群岛国家公园，就必须遵守这里的法律和法规。通过后天的多重保护，加拉帕戈斯群岛的自然生态得以保存史前的模样，几乎灭绝的动物有了良性的逆转和生态保育。无论多少年以后，当你踏上这片动物的乐土，看见鸟儿停在你的肩头，象龟走在你的身边，海鬣蜥大摇大摆地挡住你的去路，陆鬣蜥在赤道的骄阳下闪烁着金色的光泽……你一定会恍然大悟，原来这才是世界本来的模样。

自然思考

# 行走的岛屿

据科学家测算，自诞生之日起，加拉帕戈斯群岛就一直随着地质板块的运动而不断漂移。群岛中，东边的西班牙岛在过去的 350 万年里，向东南方漂移了约 160 千米，并收缩成了一小块干旱的土地。这个速度，相当于在 350 年里漂移了约 16 米，这对坐惯了汽车的我们来说也许会觉得慢到几乎静止，但对于地球的板块运动来说，已经是相当快的速度了。你是否能感受到这种缓慢的力量呢？

# 06

## 巴灵顿岛和仙人掌的凄美传说

早上7点，吃过"无限号"上的大厨亲手做的丰盛早餐，我们坐上冲锋艇，准备8点开始干登陆。

或许有读者会问，什么是干登陆？难道还有湿登陆？

对！有干登陆，就有湿登陆。

干登陆就是从冲锋艇上直接可以跳到干燥的岛礁或陆地上，鞋和脚都不会湿。湿登陆则需要双脚先跳进海里，从浅滩区走上陆地。所以每次根据登陆的情况不同，我们穿的鞋都会有所区别。在极寒地带进行湿登陆要穿保暖水靴，

◀ 吃花蜜的达尔文雀

在热带和亚热带可以穿干湿两用的徒步鞋或光脚上岸再穿鞋。

这次，我们干登陆的岛屿叫巴灵顿岛，也叫圣达菲岛，它地处加拉帕戈斯群岛的东南角，距离圣克里斯托瓦尔岛很近。

给巴灵顿岛取名的是英国人詹米·哥尔纳特，他是英国皇家海军军官、探险家和海上毛皮贸易商。1794年，他在考察加拉帕戈斯群岛时，用当时三位英国著名海军上将的名字命名了三座岛，其中最大的

▲ 岩石上的海狮

▲ 巴灵顿岛上的烛台仙人掌

一座就是巴灵顿岛，另外两座是邓肯岛和杰维斯岛。

在 15 世纪中后叶至 17 世纪末的这段时间里，也就是我们现在所说的"地理大发现时代"，许多英国海军军官都是探险家，但他们同时也干着打劫的勾当。当时的英国女王伊丽莎白一世极力扩张海上霸权，鼓励皇家海军抢夺敌国西班牙和葡萄牙的商船。那时英国海军规定，打败敌国船只所缴获的战利品，船长私人可拿走 1/4。所以，当时的英国皇家海军没人去打海盗，因为他们只想抢容易到手的财富，所以全都选择打劫敌国商船。这其中，海军军官詹米·哥尔纳特就是一位精明出位的"抢劫者"。

詹米命名巴灵顿岛的时候，英国皇家海军上将塞缪尔·巴灵顿还活着，但是塞缪尔·巴灵顿上将从没到过加拉帕戈斯群岛，詹米·哥尔纳特非常崇拜巴灵顿上将，于是就用巴灵顿将军的名字命名了这座小岛。

巴灵顿岛在地质上相对古老，小岛的形成可以追溯到 390 万年前的一次火山喷发。岛上曾存在过象龟，但遗憾的是，现在已没有

▲ 仙人掌死后，树干内部的组织美丽、轻盈

# 我叫陆鬣蜥，爱吃仙人掌，但我可不是吃素的

模式标本（即作为规定的典型标本）存留了。

我们在岛上探索了一个上午，绕小岛走了半圈，果然没有看到一只象龟。

巴灵顿岛只有 24 平方千米，全岛渺无人烟。这里处处耸立着一棵棵巨大的仙人掌树，它们都有十来米高。金色的巴灵顿陆鬣蜥和熔岩蜥懒洋洋地趴在岩石上，远处悬崖和海边岩礁上聚集着大量的海狮，海中游动着加拉帕戈斯鲨鱼。岛的东面和北面有三个可以潜水的地点，但因为这里鱼的种类不多，所以向导不建议我们在这里浮潜。

奇特而又密密麻麻的仙人掌树，构成了巴灵顿岛人迹罕至的密林。如果没有好奇的旅行者和动物爱好者，估计没人会到这里来。为了方便旅行者登岛，岛上开辟了两条可以通行的路。一条往上，通向岛上一座陡峭的悬崖；另一条则穿过圣达菲仙人掌林通往另一处海滩，在那里我们可以与冲锋艇会合。

一上午，我们像陆鬣蜥一样，穿行在仙人掌的密林中，寻找着陆地上的惊喜。每当我们走过一棵棵树皮呈赭石红色的仙人掌树时，总能发现一些意外的惊喜：不是树下突然出现一只可爱的巴灵顿陆鬣蜥，就是不知从哪儿窜出来一只小巧玲珑的熔岩蜥。

仙人掌科植物是个大家族，它的成员至少有两千种，巴灵顿岛上的仙人掌被称为加岛仙人掌巴灵顿岛变种。别看这些仙人掌又高

又大，浑身长满扎人的尖刺，其实它们内部的构造，一般人并不了解。

传说，仙人掌是世界上最娇嫩、最柔弱的植物。上天不忍心看到如此娇柔的植物轻易地死去，于是为它套上了一层带刺的盔甲，这样一来就没有人敢轻易触碰它了。谁知，冷面的仙人掌突然性情大变，扎人成性，将接近它的人全都扎得鲜血淋漓。有一位勇敢的武士，决心铲除这种邪恶的植物。于是他来到沙漠，拔剑劈开了仙人掌。没想到被劈成两半的仙人掌，内部竟然流出了清亮的液体。原来，这就是被上天封印住的仙人掌之心。仙人掌其实还是那么柔弱，无人了解它的内心。它的孤独与寂寞顿时化作了滴滴泪珠，流淌了一地。

仙人掌的花语是坚强。在巴灵顿岛上，坚强的仙人掌长在岩礁的缝隙和火山岩的山坡上。这里贫瘠的土地没有为它们准备丰厚的营养，但它们却长得丰盈挺拔，翠绿茁壮。鹅黄色的花朵在针刺间肆意地开放着，就像一群无忧无虑的孩子，抬着笑脸望着天空。当我拿起死亡后的"仙人掌之心"时，它那凄白的色彩、轻若浮云的重量，以及密织如网的镂空叶脉，宛如构成了这世间最绝美的遗骸。

自然思考

我的船在远处

? 

# 加岛仙人掌变种

　　加拉帕戈斯群岛上生长的仙人掌非常特别，是这里的特有物种，我们在巴灵顿岛上见到了其中的一种变种。这些仙人掌高大挺拔、枝叶繁茂，属于当地生态系统食物链中非常重要的生产者。许多动物，比如加拉帕戈斯象龟、达尔文雀等都以它为主要的食物来源。

　　植物和动物为什么会有变种呢？你想过它与气候、地质、食物等因素的关系吗？

31

▲ 巴灵顿陆鬣蜥

# 07

## 拥有龙爪的巴灵顿陆鬣蜥

在来加拉帕戈斯群岛之前，我从来没有见过鬣蜥，但来了这儿之后，甭管是陆鬣蜥还是海鬣蜥，我都一次看了个够。回想起在巴灵顿岛上，当我第一次看到那些身披金黄色"盔甲"、呆萌可爱的陆鬣蜥时，我的注意力一下子就被吸引了过去。

陆鬣蜥全身覆盖着小鳞片，长得有棱有角的，小鳞片上还有一些刺状或脊状的突起物。它们体长在 1 米左右，体重在 10 千克上下，一般尾巴都很长，且不会像壁虎那样自断或再生。它们的身体大多呈土黄色或金黄色，并长有大块的斑纹，能很好地融入沙地中，对自身起到保护作用。这些看上去有点丑萌的爬行动物，四肢特别像咱们中国古代

我和恐龙是亲戚，是不是很酷

人想象中的龙爪。不过，加拉帕戈斯群岛上的这些"龙"性格温和，不会主动攻击人类。

雄性陆鬣蜥有很强的领地意识，若是看到进入自己地盘的雄性同类，轻则会吓走对方，重则会和对方打得头破血流，且绝不示弱。如果有同类胆敢示威，它们还会弓起背部，膨胀自己的身体，以显示自己体形的巨大。

遇到雌性陆鬣蜥，雄性陆鬣蜥就会变得特别绅士。它们会用伏地挺身或点头的动作示爱，引起对方的注意。说实在的，这种动作人也看得懂，这不就是在表达"你好"嘛！而且，我每次看到这些丑萌的小家伙一边憨厚地微笑，一边挺胸点头，就会觉得它们无比可爱。生活在加拉帕戈斯群岛上的陆鬣蜥是杂食动物，主要吃花朵和仙人掌，少数也兼食昆虫、蜈蚣或腐肉。它们是变温动物，白天需要靠外界来获取热量。所以每天上午，我们都能看到一大群陆鬣蜥聚集在一起晒太阳的场景。到了正午时分，它们会寻找阴凉的地方保持自己的体温。到了晚上，它们又会回到自己挖的洞穴中睡觉。

由于加拉帕戈斯群岛淡水资源稀缺，所以在旱季，仙人掌成了陆鬣蜥补充水分的重要来源。陆鬣蜥吃仙人掌的时候，会先用自己粗壮有力的爪子去除仙人掌上的刺，剩下的果实、花、茎都是它们的食物。当雨季来临时，陆鬣蜥会在一些雨水积起的水洼中喝水，并以马齿苋属植物的花为食。到了交配季节，雌性陆鬣蜥一般会迁移到合适的沙地筑巢。通常，它们会先挖一个深50厘米左右的洞穴，然后产下若干枚卵。产卵后，它们会用沙土将卵盖上，并守卫数天。约3个月后，小陆鬣蜥就会被孵化出来，幼蜥会用自己的方式挖掘并爬出洞穴。在出生后的第一年内，小陆鬣蜥最容易遭到食物短缺和被捕食的威胁。在没有外界因素的影响下，陆鬣蜥的寿命一般可达50年。除了巴灵顿岛外，陆鬣蜥也生活在加拉帕戈斯群岛的其他5座岛屿上。栖息在不同岛屿上的陆鬣蜥族群，形态与体表颜色会有所差异。

1903年，巴灵顿陆鬣蜥首次被命名的时候，有些人认为它仅仅是加拉帕戈斯陆鬣蜥的一个亚种。但是随着研究的深入，动物学家发现，巴灵顿陆鬣蜥和加拉帕戈斯陆鬣蜥存在着较多的区别，很有可能是一个独立物种。通过照片我们可以发现，巴灵顿陆鬣蜥的头部不是椭圆形的，整体偏扁平一些；无论雌雄，头部后方都有明显的隆起，这让它们的脸从侧面看更像是三角形，而非椭圆形。其次，巴灵顿陆鬣蜥的头部鳞片相对圆滑，没有太多明显的刺状鳞片，取而代之的是十分粗大的颈鬣和相对明显的背鬣。另外，巴灵顿陆鬣蜥相较加拉帕戈斯陆鬣蜥来说，体形偏小，体色也较浅。

▲ 巴灵顿陆鬣蜥

▲ 加拉帕戈斯陆鬣蜥

我可爱吧

在巴灵顿岛上，有些人认为加岛鵟和稻鼠的存在对陆鬣蜥的生存造成了一定的威胁。加岛鵟是加拉帕戈斯群岛上唯一的猛禽，而稻鼠和陆鬣蜥一样，都是巴灵顿岛上的濒危物种。然而，动物学家经过多年研究后发现：稻鼠不吃陆鬣蜥的卵，而加岛鵟的主要活动区域也不在巴灵顿岛上，且它们的主要捕食对象是海鬣蜥，对已成年的陆鬣蜥并不会构成重大威胁。

相反，对岛上的陆鬣蜥来说，最大的威胁反而来自人类引进的外来物种。巴灵顿岛曾放养过山羊，这些山羊在岛上很快野化，大肆挖取植物的根来吃，导致植被大面积死亡。这样的情况也影响到了生活在巴灵顿岛上的陆鬣蜥，它们失去了食物的来源，整座小岛的生态系统也因此遭到了破坏。1971年，加拉帕戈斯群岛国家公园管理处清除了巴灵顿岛上所有的山羊，重新恢复了岛上原有的生态

▼ 每一只陆鬣蜥的花纹都不相同

系统。由此可见，大自然原本的食物链是平衡的，只要没有人为的干扰或破坏，当地的物种并不会影响到陆鬣蜥的自然繁衍。

在加拉帕戈斯群岛上，陆鬣蜥与地雀的关系非常好，属于"铁哥们"兼"知心医生"的那种。我曾经看到一些乌黑的小地雀在陆鬣蜥挺起的身体上跳来跳去，啄食它们身上的蜱虫、寄生虫和虱子。陆鬣蜥则一副享受的表情，好似在做美容一样。这种和谐美好的关系是大自然千千万万种共生现象的一个缩影。

根据达尔文的记述，当年他来加拉帕戈斯群岛探险时，这里生存着大量的陆鬣蜥。有一次，他登上群岛中的圣地亚哥岛，想找个地方架顶帐篷，愣是找不出一块平整的空地，因为岛上到处都是陆鬣蜥挖的洞。然而到了 2014 年，圣地亚哥岛上的陆鬣蜥族群已完全消失，取而代之的是猪、老鼠、猫与狗。

目前，加拉帕戈斯陆鬣蜥已被列入世界自然保护联盟（IUCN）濒危物种红色名录，被评估为易危，足见它的珍贵和稀有。

◀ 陆鬣蜥喜欢晒太阳

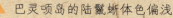

▲ 巴灵顿岛的陆鬣蜥体色偏浅

## 自然思考

**?**

# 加岛鬣蜥演化的不解之谜

　　动物学家一直对加拉帕戈斯群岛上的生物进化问题感到迷惑不解：为什么岛龄不到300万年的群岛上，生物进化得如此神速？以鬣蜥为例，在加拉帕戈斯群岛上生存着两种鬣蜥，一种是陆生的，一种是海生的，它们分道扬镳的时间距今约有1500万年，比群岛存在的时间要早得多。这到底是怎么回事呢？

▲ 南广场岛的海马齿

# 08 铺满红色海马齿的南广场岛

　　每次我翻看照片，看到一片"红地毯"的时候，就会想起南广场岛。南广场岛又叫南普拉萨岛，是加拉帕戈斯群岛中相对平坦的一座岛。它平坦到像广场一样，这在海岛中不常见，这也说明了这座岛的地质年龄相对较老。加拉帕戈斯群岛中有两座像广场一样的岛屿，其中只有南广场岛对游客开放。

　　除了平坦之外，南广场岛还非常热闹。它由海底涌出的岩浆形成，尽管面积很小，却是许多稀有动植物的家园。岛上海马齿遍地生根，它们会根据季节的变换，展现出不同的颜色，从绿色到黄色再到紫红色。我来的时候正好是2月，岛上金红色的海马齿和垫子形的地被植物，蓬勃茂盛得有如厚厚的地毯。

除了海马齿外，南广场岛的梨果仙人掌长得也和其他岛上的不太一样。梨果仙人掌原产自墨西哥，肉质肥厚，粗壮的枝干最高可达5米，是南美洲干旱地区重要的果树之一。据说，梨果仙人掌结的浆果味美可食，不过遗憾的是，我去的时候它们还没结果，我也因此错过了一次品尝美味的好机会。

　　梨果仙人掌开的花呈辐射状，花托呈长圆形或长圆状到卵形，花朵为深黄色或橙黄色，有的甚至呈橙红色，异常鲜艳。

　　一般来说，加拉帕戈斯群岛上的植物开的花大都是黄色系的。因为生活在这里的木蜂只能识别黄色，所以植物若想靠它们传粉，就必须开出黄色的花朵。不过现在，岛上也有粉色和杂色的花，但它们都不是加拉帕戈斯群岛的原始物种，反而是一直辛勤劳动的加拉帕戈斯木蜂，才是这里特有的物种。它们不像普通蜜蜂那样喜欢群居，总是"单兵作战"，独自住在木头巢穴中，太阳一升起就会钻出巢穴开始一天的劳作。

　　如今，加拉帕戈斯群岛上有植物250多种，其中40%为当地特有的种属，它们与中美洲、南美洲的植物有着较近的亲缘关系。

多么美好的一天啊，吃完仙人掌再去晒太阳

▲ 雄性军舰鸟

　　南广场岛注定不会寂寞。因为它位于圣克鲁斯岛的东海岸，两岛之间的海湾成了加拉帕戈斯海狮完美的栖息地。海狮们在平静的海湾中嬉戏玩耍，雌海狮喜欢在这里生产小宝宝，年轻的海狮则会调皮地登上悬崖，去看岩壁上的红嘴鹲和燕尾鸥。

　　在岩礁和灌木丛中，陆鬣蜥慵懒地晒着太阳，它们金黄色的皮肤和南广场岛上浓烈的红色海马齿交相辉映。

　　加拉帕戈斯群岛的巨型彩色蝗虫穿着华丽的外衣在岩石间小憩，它们要趁没被火山熔岩蜥和加岛鸳发现的时候，尽情享受阳光。

　　岩壁上，成群的红嘴鹲、燕尾鸥、褐鹈鹕、军舰鸟、蓝脚鲣鸟、橙嘴鲣鸟相互追逐翱翔，每一只海鸟都从我的头顶穿梭而过。运气好的话，我还可以看见成群的鲨鱼和海豚在不远处的海中游弋。

　　可以很确定地说，南广场岛绝对是能让自然摄影师收获满满的一座海岛。

▼ 巨型彩色蝗虫

▼ 仙人掌上的黄林莺

▲ 南广场岛的海马齿

## 树菊

　　树菊属是加拉帕戈斯群岛特有的物种，它属于菊科，特征显著，也有人称它们是植物界的"达尔文雀"，非常珍贵。树菊属总共仅有 15 种，其中 12 种是灌木，3 种是乔木，全部列入《世界自然保护联盟濒危物种红色名录》。为什么特殊的地域会造就独特的物种呢？你有思考过这个问题吗？

# 09

相亲相爱的燕尾鸥

▲ 南广场岛的燕尾鸥

　　南广场岛的下午异常炎热，太阳暴晒。赤道的阳光毫无遮挡地倾泻在裸露的岛屿上，人如果不是站在仙人掌的树荫下，恐怕支撑不了多久。

　　趁着休息的时间，我观察到一对对燕尾鸥聚集在悬崖绝壁的阴凉处。繁殖期一到，它们喜欢成群结队地来加拉帕戈斯群岛繁育后代；等到夏天结束后，它们又会迁徙到南美洲的西岸去越冬。

　　燕尾鸥的繁殖能力其实不强，一次只产一枚蛋，也许是为了能让后代更安全地长大，燕尾鸥专门挑选了人迹罕至的加拉帕戈斯群岛作为它们的繁殖基地。这里多数岛屿的地表都是灰黑色的火山岩，而燕尾鸥雏鸟的羽毛正好也是深灰色的，这有利于它们藏身，不被天

▲ 飞翔的燕尾鸥

敌发现。

　　我来到南广场岛的时间是 2 月初，正好是南半球的夏季。只见岛上的悬崖边停满了燕尾鸥。雄鸟抬头挺胸，仪表堂堂；雌鸟小巧可爱，每一对都是相亲相爱的模样。它们的眸子异常明亮，而且喜欢用头部的动作来表达感情，与同伴交流。温顺的雌鸟会用头蹭着爱侣胸前的羽毛，用自己的喙轻碰爱侣的喙。得到"暗示"的雄鸟会张开嘴，衔着雌鸟的喙，一同飞向天空。这样的仪式不停重复，直到太阳西下 。不得不说，观察鸟类的一举一动，真是一件令人享受的事情。

亲爱的，我帮你整理一下发型吧

宝贝，多吃点儿

除了在南广场岛的悬崖上约会、筑巢外，个别的燕尾鸥还喜欢在海湾处的仙人掌树下谈恋爱。它们彼此彬彬有礼、情意绵绵，人靠近时也不惊不飞，稳重大方。

我走近燕尾鸥的身旁，驻足观察。这些鸟中的"绅士"和"淑女"，都像是戴着灰黑色的礼帽，红色的眼圈配着它们暗色的脸庞以及粉色的腿脚，有一种恰到好处的别致。它们分叉的燕尾黑白交杂，优雅挺直；浑身的羽毛舒展平滑，洁净得找不出一丝杂色。那些已成为父母的燕尾鸥则会尽心尽责地为幼鸟寻找食物。我看到在海湾的礁石边，一身灰白色羽毛的燕尾鸥幼鸟一看到亲鸟回来，就急切地凑上前去，用喙亲着还没来得及收拢翅膀的亲鸟。

宁静、祥和的气氛笼罩在南广场岛的上空。如果人类能一直静观自然，不上前打扰或掠夺，那自然也会给人类带来妙不可言的回馈。

▼ 繁殖期的燕尾鸥夫妇

▼ 南广场岛的燕尾鸥

# 鸻形目的燕尾鸥

燕尾鸥属于鸻形目鸥科。鸻形目的鸟类遍及世界各地的水域，从南极、北极到热带都有分布，它们中不少具有高超的飞行能力，可以飞得很远。燕尾鸥就是它们中的代表。燕尾鸥不仅具有迁徙、远飞的能力，而且还是鸥科家族里出名的"美人"。对于鸻形目的其他鸟类，你能举出其中的一两种吗？

▼ 正在降落的燕尾鸥

# 10

## 加岛最仙的红嘴鹲

　　我认为鸟类里最具仙气的，要数那些有着长长尾羽的鸟。当我登上南广场岛，走到漆黑、陡峭的悬崖边时，远远地就被几只长着鲜红色的喙、拖着长长尾羽的空中精灵吸引住了。虽然离得老远，但我还是端起照相机试图用长焦镜头捕捉它们，并跟随它们的飞翔轨迹寻找拍摄的最佳时机。

　　当地向导詹姆斯很有经验地告诉我："很少有人拍得好这些红嘴鹲，因为它们飞得实在太快了。"詹姆森说得一点没错，红嘴鹲不像华丽军舰鸟那

▲ 飞翔中的红嘴鹲

样喜欢平稳地直线飞行；它们精灵般的身影总是会出其不意地来个急转弯，叫人措手不及，实在有点故意炫技的感觉。

红嘴鹲属于鹲科鹲属。它们的中央尾羽呈白色，大约占体长的1/3；嘴又直又红，在蓝天的衬托下显得格外亮眼；它们的眼睛旁有一条长长的黑斑，一直延伸到颈部，有一种高调出位的霸气；它们的初级飞羽为黑色，背上带有黑色横斑，整体白中带黑，与华丽军舰鸟、燕尾鸥飞在一起时，非常抢眼。

红嘴鹲除了育雏季节外，其他时间都喜欢待在海上。它们体态优雅，不仅擅长高空飞翔，还喜欢俯冲入水捕捉海鱼。俯冲之前，它们会先扇翅振羽，然后将两个翅膀半

# 我爱在天空中飞翔

合上，猛地扎入海中，速度之快，令人咋舌。据说，它们特别爱跟着渔船飞行，因为这样不仅可以捕捉到美味的飞鱼，还可以在飞累的时候把渔船当作一块临时陆地，找根桅杆歇歇脚，真是个一举两得的聪明选择。不过遗憾的是，这次我来加拉帕戈斯群岛，除了在南广场岛的悬崖边以及圣克里斯托瓦尔岛的海港上空零星地见过几只红嘴鹲外，就再也没见过它们了。

如今，我还会回想起那些仙气十足的红嘴鹲。它们总是三五成群，呼朋唤友，一会儿相互追逐飞过悬崖，一会儿擦过海面捕捉飞鱼，真是惬意得很。

▲ 碰上蓝脚鲣鸟的红嘴鹲

## 热带海洋上空的红嘴鹲

　　红嘴鹲又称红嘴热带鸟，因嘴呈红色而得名。它们全长约105厘米，翼展可达106厘米，成鸟体重约0.7千克，属中型海鸟。红嘴鹲分布于整个热带海洋，繁殖期会登陆海岛产卵育雏。它们喜欢在悬崖上的岩石间筑巢，以海洋表层的小鱼、甲壳动物、软体动物为食。除了红嘴鹲外，你还知道哪些尾羽很长的鸟呢？

▼ 善于飞行的红嘴鹲

49

# 11

## 傻傻分不清的海狮、海豹和海狗

▲ 南广场岛的海狮

在南广场岛上，想要看到加拉帕戈斯海狮并不难。湿登陆的时候，我在海滩上就见过它们。当时，它们零星地游在岩礁地带的海湾里，总共约有 20 只，数量远不及我在圣克里斯托瓦尔岛的莫雷诺港口看到的来得多。

以前，我傻傻地分不清海狮、海豹与海狗，因为它们长得很相近，都有着纺锤形的身体，都用前鳍在陆地上走路，一副肉嘟嘟、胖乎乎的样子；它们皮毛的颜色也差不多，而且表情也很相似，难怪动物观察新手会将它们搞混。后来，我和生物学家、鸟类学家一起旅行的次数多了，慢慢地就能看出它们的区别在哪里了。

首先从动物分类学上来说，海狮和

海狗同属海狮科，但属于不同亚科，海豹则属于海豹科，三者并不相同。

其次，它们在分布范围上也有差异。海狗的生活区域比较广，可以说是遍布世界各地，除南极洲之外，俄罗斯、南非、中国、澳大利亚、新西兰等国的部分海域或全部海域，都能见到海狗的踪影。相较海狗而言，海狮的分布范围要小得多，它们主要分布在北太平洋、南美洲沿海、美国西北部沿海以及澳大利亚西南部沿海一带。海豹从分布范围上来看，大致可以分成两类，一类是海豹亚科，主要分布在北半球，另一类是僧海豹亚科，主要分布在南半球。

第三，体形上存在着差异。海狗是这三者中体重最轻的，成年的雌性海狗体重大约在 25—40 千克。虽然不同个体间会有差异，但总体来说，海狗看起来小小的。海豹体形中等，不过不同种之间差别比较大，比如说成年灰海豹的体重在 170—310 千克，而体形

▲ 巴灵顿岛的海狮

最小的环斑海豹体重只有 50—90 千克。海狮跟海豹一样，不同种之间区别明显，其中体形最大的北海狮，体重可达 1000 千克以上，算得上是庞然大物了。

第四，身体特征不同。海豹身上大多长有斑点，这从它们的名字中就能看出端倪来，而海狮和海狗的身上则没有这一特征。其次是耳朵，海狮和海狗的耳朵尽管小，但是耳郭是外露的，而海豹的耳朵没有耳郭，并不外露。从毛发上来看，海狮的体毛粗糙，雄性颈部毛发较长，这点有些像威武的雄狮，难怪它们的名字里带"狮"。

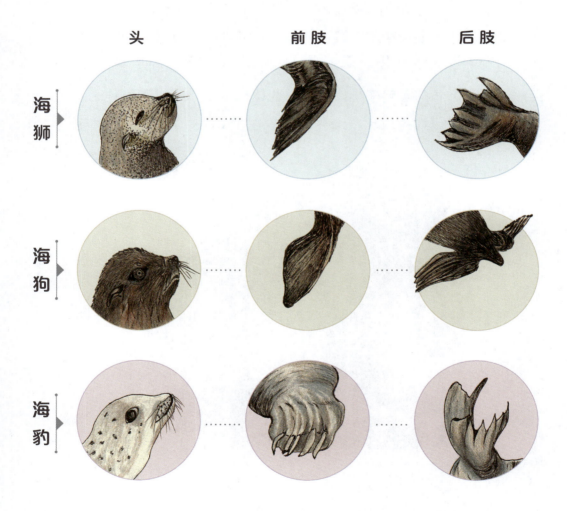

而海狗的皮毛相对浓密、柔软，又被称为"毛皮海狮"。海豹在三者中皮毛看上去最光滑，而且不同种有不同的斑纹。

第五，行为方式上有很大不同。海狮和海狗靠鳍状后肢，可以在陆地上行走。海狗跑起来速度很快，海狮则可以直立上身。而海豹在陆地上只能通过蠕动的方式行走，有点像胖乎乎的大肉虫。

再来说说加拉帕戈斯海狮吧，它们永远都是一副慵懒的模样，瘫在沙滩上，伸展着柔软的腰肢，似乎除了晒太阳外，世界上就没有其他事情值得它们去做了。通

▲ 南广场岛的海狮
▼ 憨态可掬的海狮

53

▲ 快要生宝宝的雌海狮

常，我们早上登岛时，就看到它们瘫在沙滩上；傍晚我们准备回船上时，它们依然瘫在沙滩上。

海狮的性格非常温和。我在加拉帕戈斯群岛潜水的时候，好几次遇到过它们。有一次，我正在水下追逐一条雀点刺蝶鱼，一只海狮朝我直直地冲了过来。我吃惊地看着它离我越来越近。没想到的是，当它游到距离我仅有半米的时候，突然来了个急转弯！我在心中不禁感叹：这可真是一只贴心的海狮啊！当知道我对它没有威胁后，这只海狮反而对我产生了好奇，于是我们结伴同游。它总是想靠近我，但又不会碰到我，1 米是我们之间的安全距离。一旦接近这个距离，它就会立刻翻身游向相反的方向。

▼ 海岸线上的海狮

自然思考

# 保护海洋哺乳动物

　　由于人类的过度捕杀以及自然环境的持续恶化，海狮、海豹、海狗、海象这些海洋哺乳动物的数量一直在不断减少。如今，它们中的许多已经被世界自然保护联盟（IUCN）评估为濒危动物。虽然世界上不少国家都在不遗余力地保护它们，比如每年的3月1日被列为"国际海豹日"；再比如欧盟，如今已禁止了一切商业性捕杀海豹的交易。但是，仍有一些国家和地区的人在持续捕杀这些珍稀的海洋哺乳动物。在利益的驱使下，人与自然想要和谐相处，似乎并没有这么容易。从我做起的话，你有什么环保行动或建议呢？

▼ 海狮一家

# 12

## 看望「孤独的乔治」

▲ 行驶在南太平洋上的"无限号"

记得在"无限号"上，有一天早上，我4点半就起床了。推开景观舱的舱门，我发现海面上黑沉沉的，没有一丝星光；甲板上全是水，看来昨天夜里下了一场大雨，可我竟然一点也不知道。难怪昨天傍晚，密密麻麻的小昆虫聚集在餐厅饮水机旁的壁挂电视屏上，让人看了不免产生一种密集恐惧症的感觉。我卧室的卫生间为了通风，昨晚没有关窗，竟然也飞进了不少小昆虫。

我们的"无限号"停在港湾里，船外依稀可以看见不远处岛上的灯光和海面上停泊的其他船只。但此时此刻，大海和岛屿都还没有醒来，远处海浪的声音上下起伏，犹如人睡着时有节奏的呼吸声。

早上6点，天慢慢开始亮了，天空中有了不同明度的灰色。从这一刻起，每过一分钟，天空的颜色都会比前一分钟更亮。不远处岸上的植被一点点地显露出我所喜爱的颜色，茂密的绿色灌木像是给海岛覆上了一层毛茸茸的毯子。眼前的这座岛就是我今天要登陆的岛——圣克鲁斯岛，它也是加拉帕戈斯群岛中住民最多的一座岛。

吃过早餐，我们照例分成两组坐上冲锋艇，由两位探险队员海瑞、詹姆斯带领，前往圣克鲁斯岛的查尔斯·达尔文研究中心（Charles Darwin Research Center）——它是加拉帕戈斯群岛上最重要的物种研究机构，来自世界各地的生物学家聚集于此，共同研究群岛的物种并开展相关保护工作。研究中心实际上是一个面积不小的自然保护区，对外开放的有科普中心和福斯托象龟繁育中心两部分。今天，我们来这里的主要目的是见一见大明星"孤独的乔治"，它是加拉帕戈斯群岛赫赫有名的已故象龟。

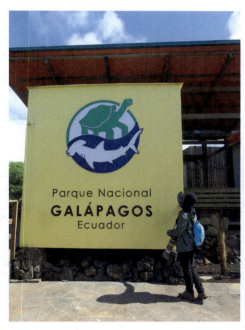

▲ 参观福斯托象龟繁育中心

▲ 达尔文科学走廊里乔治的海报

▶ 马路上遇到的海鬣蜥

　　早上8点半，海鬣蜥、陆鬣蜥、熔岩蜥就已大摇大摆地蹲在马路上了。这些变温动物上午只做一件事，那就是晒日光浴。所有参观人员都得放慢脚步，以防踩到它们。研究所的汽车也开得超级慢。看来，在大马路上晒太阳是这里动物们的特权。

　　陆龟主要分布在非洲、美洲、亚洲，以及若干个位于大洋洲的岛屿上。它们是素食主义者，以青草、野果和仙人掌为食。象龟是世界上体形最大的陆龟，因为腿粗如大象而得名。加拉帕戈斯群岛上的象龟更是不得了，体长可达1.8米，身上可以站4个成年人。如果没有人类的影响，它们的寿命可以超过100年。但遗憾的是，由于人类的大量捕杀，如今象龟已濒临灭绝。

走过曲折蜿蜒的达尔文科学走廊，我慢慢接近了"孤独的乔治"所在的展厅。为了保护乔治的标本，进展览厅前，每个人都必须先降温。被室外的骄阳烤了半个多小时，我们每个人现在身体的热量加起来，足以让标本受损。于是，我和来此参观的人，10 个人一组，首先进入了一间小小的隔离室，开足了大马力的空调，瞬间给我们来了一个冰镇降温。5 分钟过去后，在工作人员的安排下，我们才可以进入乔治的展厅。

乔治确实很孤独，它的标本被单独摆放在一个房间里。据介绍，乔治曾是加拉帕戈斯群岛中平塔岛上的一只象龟，属于加拉帕戈斯象龟中的一个亚种。在加拉帕戈斯群岛，不同岛上的象龟因气候和食物的不同，进化得各不相同。

"孤独的乔治"最早由美国软体动物学家约瑟夫·瓦格沃尔吉于 1971 年在平塔岛上发现，但由于约瑟夫并不是研究爬行动物的专家，所以当时他只是拍了几张照片，就与这只象龟擦肩而过了。一次，约瑟夫与世界陆龟专家彼得·普理查德共进晚餐时，给对方看了他在加拉帕戈斯群岛上拍摄的照片。这下不得了，这只马鞍形的陆龟正是专家们认为已经灭绝的平塔岛象龟。

当时，平塔岛上的植被已经被外来的野生山羊所破坏，在岛上生活的平塔岛象龟仅剩这一只了。于是，人们将它带到了达尔文研究中心，让它在豪华的套房里过上了明星般的生活。人们还用美国演员乔治·戈贝尔的绰号为它命名："孤独的乔治"。

为了挽救平塔岛象龟，工作人员想尽办法为乔治找雌龟。30年来，它多次配对，雌龟虽也有过产蛋的惊喜，但是都未能孵化成功。

"孤独的乔治"注定形单影只，百岁的老象龟貌似已经"清心寡欲"，喜欢独自生活。白天，它在太阳下静静地安享阳光带给它的温暖；夜晚，它没有伙伴，没有配偶，任由月光清冷地洒在"豪宅"的角落里。"孤独的乔治"被认为是平塔岛象龟中已知的最后一个个体，是世界上最稀有的动物，也是加拉帕戈斯群岛乃至全球物种保护的象征之一。

2012年6月24日，乔治所在的加拉帕戈斯国家公园发布声明："孤独的乔治"正式死亡。这标志着平塔岛象龟至此从地球上永远地消失了。

200多年来，象龟被大量屠杀，它们的命运可谓悲惨至极。从1811年到1844年，700多艘捕鲸船来往于太平洋上，凡是停留在

真是太棒了，老伙计

终于没人吃我们了

加拉帕戈斯群岛的捕鲸船都会囤积象龟。它们被作为储存食物带上船，最终被炖成美味佳肴。据说，西班牙曾有船队一次抓捕了700多只象龟上船，就连达尔文在离开加拉帕戈斯群岛回英国时，船上也装了30多只象龟。

如今，加拉帕戈斯群岛上所有的象龟均已被列入世界自然保护联盟（IUCN）濒危物种红色名录，其中5种被评估为极度濒危。它们的名字同样还出现在濒危野生动植物国际贸易公约（CITES）附录I的名单中，严禁任何形式的贸易。查尔斯·达尔文研究中心自1959年成立之日起，就向厄瓜多尔政府提供环境保护服务，主要目的就是保护加拉帕戈斯群岛上的象龟。

告别"孤独的乔治"后，我走出达尔文研究中心，沉重的心情一时难以排解。所幸的是10多分钟后，我的注意力被圣克鲁斯岛

▼ 鱼市上等着吃残羹冷炙的海鬣蜥

61

▲ 正在鱼市讨食的褐鹈鹕

上的一处小鱼市给吸引住了。只见鱼市上搭着蓝色的塑料棚子，里边的摊位一共不超过 10 个。岛上的渔民每天都会打捞最新鲜的海味来这里售卖。当然，顾客也可以直接把买到的海产品带到餐馆去请厨师代加工。

不过对我来说，吃不重要，好玩才是第一位的，所以我不买鱼，只拍照。

鱼市上有许多褐鹈鹕和海鬣蜥，它们眼巴巴地等待渔民剔下顾客不要的鱼头、鱼尾、鱼内脏作为食物。看到又大又笨的褐鹈鹕露出眼馋的神情，我觉得它们可爱极了。而且，褐鹈鹕不会硬抢渔民手中的鱼，只是静静地等着渔民扔给它们鱼的下脚料。有时，渔民看它们可怜，也会故意切下一块鱼肉丢给它们。

这时候，褐鹈鹕就会一哄而上，抢得快的就有肉吃了。而小小的海鬣蜥没有抢食的能力，只能眼巴巴地等在一旁，看着那些带翅膀的大家伙饱餐一顿飞走后，才敢凑上去享用一些剩下的残羹冷炙。

对我来说，近距离接触褐鹈鹕、海鬣蜥完全没有问题。我趴在渔民的塑料桶旁，和这里的每一只海鬣蜥都打了招呼。然后，我走到鱼市对面的商业街，在一家咖啡店里买了一个蓝莓和薄荷的双球冰激凌。坐在露天的遮阳棚下，时间仿佛慢了下来，看着当地人慢悠悠地从我眼前走过，远处大海涛声澎湃，海鸟飞翔，我内心油然地升起了一种祥和的宁静感。

# 自然思考

▼ 正在吃树叶的象龟

## ？ 象龟悲惨的命运

　　在过去几百年的时间里，加拉帕戈斯群岛上约有 25 万只象龟被捕杀。19 世纪，人们食用象龟的手法极其残忍：厨师会先在象龟的尾部切开一条缝，确认龟甲下的脂肪厚不厚。如果象龟的脂肪丰富，立刻就会成为人类餐桌上的美食；如果它们的脂肪不够厚，就需要继续喂养和增肥，之前割开的伤口也只能靠它自身去愈合。许多动物悲惨的命运都是人类造成的，你同意这样的观点吗？

# 13

## 发现达尔文雀

我的果子真嘣脆

平时，我在北京见得最多的鸟就是麻雀。麻雀虽然无处不在，但是如果你仔细观察，就会发现它们大有不同。

一般来说，我们平时最常见的有树麻雀、家麻雀、黑顶麻雀、山麻雀等。在北京，我经常看到的是树麻雀；在山区，我们有时可以见到山麻雀。

全世界现在共有麻雀27种，其中有5种分布在中国境内。麻雀是不挑地方的小鸟，除了极寒冷的南北极和高山荒漠外，世界各地均有分布。但是，我们怎么区分不同种类的麻雀呢？这就需要对麻雀进行细致的观察，对我来说，这也是培养敏锐观察力的一种好办法。

比如说树麻雀，它的头顶和后颈是栗褐色的，头的两侧为白色，耳部有一

▲ 加岛莺雀

块黑斑；它的背是沙褐色或棕褐色的，有黑色的纵纹，下颏和喉部是黑色的，下体呈灰白色，微微带点淡淡的褐色。再比如说家麻雀，它的背是栗红色的，并带有黑色纵纹；下巴、喉、上胸呈黑色，脸颊白色，这点和树麻雀很像，不过它们的下体比树麻雀白，翅上具有白色带斑。以上两种麻雀长得非常相似，如果不是专业的观鸟人，一般难以将它们区分开来。

这次，我来到加拉帕戈斯群岛，发现这里也有许多雀形目的鸟：大地雀、中地雀、小地雀、仙人掌地雀……而且，它们都有一个统称——达尔文雀。

也许有读者会问：为什么这些雀叫达尔文雀呢？难道它们是达尔文发现的吗？

其实，达尔文雀是加拉帕戈

▶ 准备吃花蜜的达尔文雀

# 我们达尔文雀的喙不同，食物也不同

斯地雀的统称和俗称，现在大多数科学家认定其共有 15 种。加拉帕戈斯群岛上有 14 种，科科斯岛上有 1 种。达尔文雀根据生态习性和形态特征可分为 3 类：地雀、树雀和类莺雀。它们拥有一些共同的特征：体形相似，羽毛的颜色都比较暗，它们最明显的区别是喙的形状和大小不同，这种结构差异是它们在遗传变异的基础上，为了适应不同的生活环境，后天逐渐演化出来的，是自然选择的结果。比如，达尔文雀族中的植食树雀主要吃树芽和果实，它们需要用喙把树芽从树枝上拔出来，因此喙长得非常粗大。再比如生活在伊莎贝拉岛上的仙人掌地雀，在干旱发生时，这种喙形较尖的地雀就能吃到大喙地雀极难叼到的仙人掌种子，从而更容易度过饥荒。

　　我第一次在加拉帕戈斯群岛上近距离地拍摄达尔文雀，是在圣克鲁斯岛的达尔文研究中心附近。当时，在一条无人的小径上，一群黑色的中地雀正在吃树上掉下来的黄色花朵。我蹲在地上，本想等它们慢慢靠近我的镜头，没想到它们竟然毫不怕生，一下子跳到了我的脚边。

▼ 栖息在树上的达尔文雀

▼ 在地面活动的达尔文雀

我来树上找**果子**

**今**天**的午餐**有**着**落了

　　除了加拉帕戈斯群岛以外，科科斯岛地雀也以其独有的特点闻名世界。它们单独栖息在偏远孤立的科科斯岛上，喙细而尖，取食时喜欢轻轻拍动双翅。

　　1835 年，达尔文环球航行来到加拉帕戈斯群岛时，在这里采集了近 70 个雀类标本。一开始，他并没有对这些标本表现出太大的兴趣，在他当时的私人日记里甚至没有相关的记录。更糟糕的是，达尔文在原始记录里并未记载具体是在哪座岛上采集到了哪些标本，这给他日后整理标本产地带来了很大麻烦。

　　回到英国后，达尔文把这些标本送到了伦敦动物学会，由当时著名的鸟类学家约翰·古尔德进行研究。古尔德很快发现，达尔文在加拉帕戈斯群岛上采集到的雀类标本实际上分属 13 个不同的种，尽管喙的形状差别很大，但这些鸟彼此之间具有很近的亲缘关系。

　　古尔德的建议让达尔文重新审视了这些雀类标本的意义，他开始尝试重新核实每一个标本的采集地。同时，这项工作也促使达尔文进一步思考：加拉帕戈斯群岛上的雀类很可能源自同一祖先，它

▲ 雄性达尔文雀

们在漫长的生存过程中逐渐发生了变化。

　　通过研究加拉帕戈斯群岛上地雀的变种，达尔文认识到物种并非永恒不变。可以说，这些小鸟在某种程度上促使达尔文产生了物种进化的理论雏形。最终，达尔文在《贝格尔舰环球航行记》中描述了这些雀鸟以及它们大小差异悬殊的喙。

　　直到今天，达尔文雀的相关研究一直是科学界的一个热点，美国当代著名作家乔纳森·韦纳于 1994 年出版了科普佳作《雀鸟之喙》，荣获了 1995 年的普利策奖（非虚构类）。这也对达尔文雀的声名远扬起到了推波助澜的作用。

　　目前，加拉帕戈斯群岛上所有的达尔文雀均被厄瓜多尔政府加以保护。它们其中的 2 种被世界自然保护联盟（IUCN）评估为极度濒危物种。

▲ 雌性达尔文雀

## ？ 达尔文雀在进化

有关达尔文雀的起源问题，如今有两点已成定论：一是达尔文雀起源于一个共同祖先；二是达尔文雀的祖先来自于中美洲或南美洲，飞越了近1000千米的水域到达加拉帕戈斯群岛。

达尔文雀一般实行"一夫一妻"制，当降雨量高且食物丰富时，它们的繁殖率最高；自然环境恶劣时，它们的繁殖率就会降低。鸟类受环境因素的影响很大，除去自然因素，人类的行为也会影响鸟类的生存。你认为，人类能为鸟类做些什么呢？

# 14

## 爱唱歌的嘲鸫

我们**嘲鸫**是天生的**歌**手

▼ 圣岛嘲鸫

2019 年初春，我去北京近郊的十渡镇，在还没有融化的冰面上见过一只很小的鹪鹩。鹪鹩唱歌十分动听，而被认为与鹪鹩有着亲缘关系的嘲鸫，天生也有一副好嗓子，唱起歌来丝毫不输鹪鹩。这次我来加拉帕戈斯群岛，就见到了嘲鸫。

第一次见到它，是在厄瓜多尔首都基多的赤道纪念馆的院子里。远远地，我就看到灌木上停着一只褐白相间的鸟，正在大展歌喉。说实在的，初次看见嘲鸫，它给我的印象是长得非常质朴，没有艳丽的羽毛，浑身茶、白两色相间。仔细观察，你会发现它的翅膀相对短小，尾羽反而较长，长着一张长而弯曲的喙。据说，许多种类的嘲鸫还会以一

种惹眼的方式展开并翘起自己长长的尾羽，以此来炫耀。虽然它们体形不大，瘦瘦长长的，但都很爱唱歌，而且特别善于模仿各种声音。嘲鸫有一个英文名字叫"Mimic thrush"，意思就是"擅长模仿的鸫"。别看它们嘴巴不大，真亮开嗓门时，的确有两下子。不过，嘲鸫好像不喜欢呼朋唤友，与我相遇时都是各自独行。

　　第二次见到嘲鸫，是在圣克里斯托瓦尔岛的象龟繁育中心的林子里。一只圣岛嘲鸫的歌声把我吸引住了。圣岛嘲鸫只生活在圣克里斯托瓦尔岛上，非常稀有。我们能在此相遇，也算是我的幸运。这只圣岛嘲鸫像模特一样，专门为我一个人摆尽了姿势，不仅冲着我跑，还差点踩到我的脚，害得我耽误了上车的时间。同伴

▶ 沙滩上的嘲鸫

71

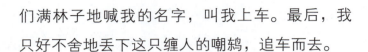

们满林子地喊我的名字，叫我上车。最后，我只好不舍地丢下这只缠人的嘲鸫，追车而去。

除了圣岛嘲鸫外，加拉帕戈斯群岛上还有一种加岛嘲鸫。它们在很多岛上都有分布，我在圣克里斯托瓦尔岛、巴灵顿岛、南广场岛、圣克鲁斯岛、詹姆斯岛、费尔南迪纳岛上都见过它们。记得我在湿登陆南广场岛的时候，就看见过一只加岛嘲鸫随着潮进潮退，跟着海浪在沙滩边跳舞。当时我好奇极了，仔细一看才发现，原来它是在啄食被海浪推上来的一些食物。

加岛嘲鸫在进化生物学上也小有名气，因为它们和达尔文雀一样，为了生存和繁衍，在不同的岛屿上进化出了不同的亚种。在我走过的大小岛屿上，每只嘲鸫的喙或者身上的斑纹，多少都会有些不同。如今，加拉帕戈斯群岛上的每一只嘲鸫均受到厄瓜多尔法律的保护。

▲ 嘲鸫在不同的岛屿上有不同的亚种

## 嘲鸫的生活

嘲鸫是肉食性鸟类，它们的"菜单"可谓丰富多彩。蟋蟀、蜈蚣、毛虫、蜘蛛、蜥蜴都是它们平时爱吃的食物。此外，它们还会搭配一些蔬菜和水果，例如仙人掌的果实或鲜花。嘲鸫特别善于模仿，它们的歌声宛如不断变化的淙淙流水声。它们唱的每一支歌里，许多音调都是从别处模仿来的。有时是人声，有时是其他鸟的叫声，有时甚至是机器发出的声音。除了嘲鸫外，你还知道哪些善于模仿的鸟吗？

# 15

## 现实版的哥斯拉

▲ 加拉帕戈斯群岛的海鬣蜥

要说海鬣蜥的长相，那可真是非常史前。它们不仅不英俊，还自带荒野怪兽的气质。天下居然还有这种长相的动物，真是神奇！

我第一次见到它们是在圣克里斯托瓦尔岛的巴克里索·莫雷诺港。当时，有两只海鬣蜥趴在栈桥的尽头，相互拥抱、凝视，一动不动，看得我惊讶极了。

从前，我看电影《哥斯拉》的时候，还以为影片中的怪兽是人杜撰出来的，直到来了加拉帕戈斯群岛后我才知道，原来现实版的哥斯拉就在这里。

哥斯拉最早是日本特摄电影中的一头大怪兽。1998 年，三星电影公司购买了日方版权，聘请著名的导演罗兰·艾默里奇拍摄了美国版的《哥斯拉》电影。

为了使角色更加符合观众的口味，电影方以加拉帕戈斯群岛上的海鬣蜥作为原型。狰狞的头部，有力的四肢，锋利的爪子，修长的身体和尾巴，长满棘刺的脊背……这些哥斯拉的特征都与海鬣蜥极度相似。所以，当我第一次在莫雷诺港见到它们的时候，真的是大吃一惊。

除了体形超级小之外，真实的海鬣蜥也与电影里的哥斯拉给人的感觉一样，只有一个字来形容——丑。19 世纪时，海盗、捕鲸人来加拉帕戈斯群岛大量捕杀鲸鱼和象龟，但海鬣蜥因为长得丑，引起不了任何人的兴趣，侥幸躲过一劫。这种因丑得福的生物就这样毫发无损地生存到了今天。

海鬣蜥是加拉帕戈斯群岛的特有物种，据动物学家推测，它们极有可能是由陆生鬣蜥演化而来的。由于加拉帕戈斯群岛远离南美洲大陆，又都是火山岛，因此这些鬣蜥很有可能是在 10 万—15 万年前，从陆地上游过来的。我坐冲锋艇在岛礁间巡游的时候，就亲眼见过在露出海面两三百平方米的礁石上，大量与礁石颜色一致的

我长长的尾巴是为潜水准备的

▲ 圣地亚哥岛的海鬣蜥

海鬣蜥静静地趴在一群加岛企鹅、蓝脚鲣鸟、弱翅鸬鹚、褐鹈鹕中间，各种动物和平共处、相安无事。

不过，在海鬣蜥占据的地盘上很少会见到陆鬣蜥。虽然动物学家认为，陆鬣蜥和海鬣蜥有着亲缘关系，两者的形态及习性也有相似之处，但海鬣蜥与陆鬣蜥一般不会杂交，栖息场所也有所不同。

达尔文认为，它俩之间不能混种，可能是因为长期栖息在不同的环境中，已经各自演化出不同的习性，因此无法相互交配，这个假设也与物种起源说相吻合。

别看海鬣蜥长得可怕，其实它们平时主要吃植物，可以说是个合格的"素食主义者"。它们经常会沿着海岸线寻找被海水冲上岸的海草。为了能在贫瘠的岛上生存下去，海鬣蜥还会经常下海寻找食物，这时它们长长的尾巴就起到了关键作用，能帮助它们在水下随心所欲地游动。

生活在加拉帕戈斯群岛上的海鬣蜥从未受到过人类的侵扰，所以它们不怕人，见人不躲也不逃。

记得在圣地亚哥岛上，每当我近距离地接触海鬣蜥时，总能听到它们左一声、右一声，不时地咳嗽。紧接着，它们的鼻孔与眼睛间的盐腺里会喷出

◀ 海鬣蜥的食物在海底

一些白色的盐水。只要听到"噗"的一声，我就会躲得远远的，因为这是海鬣蜥在排出身体里多余的盐分。

有时，它们前面的盐腺在喷射白色的盐液，后面的屁股还在拉出淡绿色的排泄物，真是叫人哭笑不得。这些海鬣蜥排泄的时候从来不考虑周围的情况，经常把白色、绿色的排泄物同时喷射在旁边其他同伴的身上。如果人距离它们过近，免不了也要一起遭殃。

海鬣蜥的交配季节一般为每年的 12 月至次年 3 月，产卵季节为 1—4 月。我去加拉帕戈斯群岛的时候正好赶上它们的繁殖期。岛上的雄性海鬣蜥为了吸引异性的注意，身体的颜色会发生变化。一般来说，海鬣蜥全身都是深灰色的，但是进入繁殖期的海鬣蜥，身上会出现许多红色和绿色的斑点。

我在圣克鲁斯岛上就见到过砖红色的海鬣蜥，在费尔南迪纳岛

▲ 海鬣蜥身材娇小　　　　　　　　▲ 海鬣蜥喜欢群居

上还见到过暗绿色的海鬣蜥。它们为了寻找配偶，除了会换上鲜艳的"服装"外，还会不停地点头，同时咧开嘴，笑得又憨又谦卑，样子非常滑稽。

交配后，雌性海鬣蜥会在海滩的沙地上挖出一个 30—80 厘米深的坑洞，在坑里产下两到三枚卵。4 个月后，小海鬣蜥才能被孵化出来。

加拉帕戈斯群岛上的海鬣蜥共有 7 个亚种，不同岛屿上的海鬣蜥大小略有不同，费尔南迪纳岛和伊莎贝拉岛上的亚种体形最大，赫诺韦萨岛上的亚种体形最小。目前，所有加拉帕戈斯群岛上的海鬣蜥都已受到厄瓜多尔法律的保护，它们也被列入世界自然保护联盟（IUCN）濒危物种红色名录，被评估为易危物种。

## 会下海的鬣蜥

　　海鬣蜥是世界上唯一能下海潜水，并适应海洋生活的鬣蜥。它们是变温动物，白天在陆地上晒完日光浴后便会跳下海去，潜入水下寻找食物。它们和鱼类一样，能在海里自由自在地游弋，取食海藻及其他水生植物。

　　一般，它们在水下待上十多分钟后，便会回到陆地上来继续晒太阳以提高体温。它们长长的尾巴就像小船的桨，是专门为游水而进化的；它们尖利的爪子有利于在海底抓住岩石，以保护它们不被海流冲走。

# 16

## 小而美的熔岩蜥和沙宾叶趾虎

▲ 加拉帕戈斯群岛的熔岩蜥

　　从踏上加拉帕戈斯群岛的第一天起，我就喜欢上了小巧机敏的熔岩蜥。它们对人完全没有攻击性，属于那种见人就跑的小型爬行动物。

　　生活在加拉帕戈斯群岛上的熔岩蜥是一种土著日行蜥蜴，喜欢在太阳下晒日光浴。它们之所以叫熔岩蜥，是因为这种蜥蜴经常出没在火山熔岩地带。这些小家伙身材苗条，迷你可爱，身长在8—15厘米。雄性熔岩蜥的身体大多为灰色、栗色，背部有漂亮的黑色斑纹，颈部的皮肤呈橘红色，一直延伸到肚子下面接近后肢的地方。雌性熔岩蜥没有雄性来得好看，它们身上的斑纹一般是圆形的。

　　加拉帕戈斯群岛上一共有 7 种不同

▲ 圆扇仙人掌上的熔岩蜥

▲ 岩石上的熔岩蜥

的熔岩蜥，每个岛上的熔岩蜥肤色都不太一样。不过遗憾的是，由于我此行的同伴中没有专门研究熔岩蜥的专家，所以我这次没能完整地记录、拍摄到加拉帕戈斯群岛上全部 7 种的熔岩蜥。

　　熔岩蜥喜欢吃苍蝇、蜘蛛和一些小型昆虫，幼年的熔岩蜥喜欢捕捉蚯蚓、蚂蚁、甲虫等猎物。在觅食条件较差的情况下，它们也会吃一些腐肉。加拉帕戈斯群岛的淡水资源很稀缺，生活在岩壁之间的熔岩蜥会从食物中获取水分。在南广场岛上，我就遇见过爬在仙人掌树上的熔岩蜥。

　　当群岛的雨季来临时，熔岩蜥会喝水坑中积攒的雨水。栖息在

▼ 海鬣蜥与熔岩蜥是一对好朋友

我们**叶趾虎**的爪子很特别，就像是**叶子**

人类居住区周围的熔岩蜥甚至会食用面包屑、肉屑以及其他一些厨房里的下脚料。我从达尔文研究中心出来后，就在鱼市上看到不少熔岩蜥在等着渔夫们剔下的海鲜下脚料。它们和海鬣蜥、褐鹈鹕一起，构成了一道"等饭吃"的奇特风景。此外，生活在加拉帕戈斯群岛上的熔岩蜥还特别喜欢与"老大哥"海鬣蜥一起活动。它们爬到海鬣蜥的身上，上蹿下跳，捕食那些围着海鬣蜥嗡嗡转的苍蝇，场面既滑稽又温馨。

除了熔岩蜥外，加拉帕戈斯群岛上还生活着其他种类的小蜥蜴，叶趾虎就是其中一种。

2019 年，由美国与厄瓜多尔爬行动物学者组成的团队，在伊莎贝拉岛的沃尔夫火山进行考察时，发现了一种新的叶趾虎，研究团队为致敬赞助此次考察的基金会创办人——美国慈善家安德鲁·沙宾，特意以"沙宾叶趾虎"来命名这次发现的新物种。

沙宾叶趾虎很难见到，它们只生活在伊莎贝拉岛的沃尔夫火山附近。遗憾的是，那里拒绝一切旅行者，除非是有特别许可的科学家。不过从照片上看，沙宾叶趾虎要比咱们北京的壁虎大，它们的尾巴尤其长，身上的鳞片带有各种花纹，比海鬣蜥漂亮多啦！

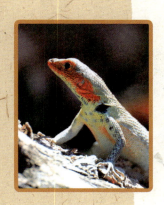

# 神秘的叶趾虎

　　加拉帕戈斯群岛上生存着好几种不同的叶趾虎，其中沙宾叶趾虎的发现地伊莎贝拉岛非常容易受到火山喷发和熔岩流的影响。同时，这座岛上还生活着一种辛普森叶趾虎。在圣地亚哥岛和马切纳岛上，科学家还发现了马雷斯叶趾虎。估计加拉帕戈斯群岛上还有其他叶趾虎的存在，等待着动物学家去发现。你愿意成为未来的动物学家吗？

▼ 巴灵顿岛的熔岩蜥

85

# 17

## 红石蟹和塔古斯湾

▲ 礁石上的红石蟹

在加拉帕戈斯群岛的所有岛屿上，都能看到一种比煮熟的螃蟹还要红的红石蟹，它们在黑黢黢的礁石上分外显眼，惹得那些将螃蟹视作美食的人馋虫顿生。

其实，加拉帕戈斯群岛上的红石蟹并不能食用，它们被称为"加岛清道夫"，经常成群结队地围在海鬣蜥周围，享用海鬣蜥身上脱落的死皮和角质。它们具有超强的爬行能力，遇到危险的时候可以迅速向任意方向奔逃。

未成年的红石蟹是黑色或深褐色的，伪装在黑色的熔岩海岸上很难被发现。成年后的红石蟹颜色多为深棕红色或粉红色，头胸部带有一些黄色斑纹，腹侧部为蓝色或紫色，眼睛为粉色或紫

色。可以说，这种甲壳动物真是用尽了调色盘里最漂亮、最鲜艳的颜色。

相较于红石蟹，加拉帕戈斯群岛上还有一种招潮蟹，它们最突出的特点是雄蟹的螯足一只大、一只小。招潮蟹舞动螯足时，样子特别像拳击手在比赛时的挥拳动作。不过，这种动作也有一种非常友善的解读，那就是招潮蟹正在向潮汐打招呼，这便是招潮蟹名字的由来。其实，它们挥动螯足的真正目的是威吓敌人或者求偶。除了螯足外，招潮蟹还有一个特点：一对眼睛特别突出，像是竖起来的火柴棒。这种特殊的眼部结构便于它们发现天敌，并取食藻类或泥沙中的有机物。

在加拉帕戈斯群岛期间，我曾到过伊莎贝拉岛的塔古斯湾，这里与费尔南迪纳岛隔海相望，非常静谧。一天，我在塔古斯湾的灌木丛中发现了一小群寄居蟹。看到我们的突然到访，这群小家伙很快便隐没到了低矮的灌木丛中，消失在层层堆积的落叶里。

▶ 鲜艳的红石蟹

87

▲ 塔古斯湾的象龟

　　在伊莎贝拉岛上，有一条小径经常有象龟和陆鬣蜥出没。岛上的象龟悠然自得，貌似也比其他岛上的同类更大胆活泼，遇到人也不会刻意避让，若无其事地走在我们面前，就像是这座岛上的主人。

　　塔古斯湾的陆鬣蜥也与其他岛上的不大一样，它们的颜色更加浓烈，就像燃烧的火焰，金色的上半身与红色的下半身让它们充满了金属感。尤其是当它们走在象龟的身旁时，俨然就像皇宫里的国王，而跟在它们身旁的象龟仿佛年逾古稀的智慧老臣。整座伊莎贝拉岛宁静、祥和，比童话世界还要纯净。我从没见过有什么动物在这里闹过矛盾，一切都是那么自然、和谐。

◀ 塔古斯湾的陆鬣蜥

▲ 海鬣蜥与红石蟹

## 自然思考

# 勇敢的红石蟹

　　红石蟹通常生活在热带和亚热带的岛屿上。它们一生都在成长，红色的外表会给它们招来不少天敌，例如鸟、章鱼、鳗鱼、猫等。它们对抗天敌的秘诀就是朝对方吐口水，或者丢掉自己的一条步足，以换取逃命的机会。再小的生命也有为自身安全奋勇抵抗的时候。你能列举出几种会断臂逃生的动物吗？

89

# 18

## 路遇蓝脚鲣鸟

我是男主角

▲ 蓝脚鲣鸟

　　在来加拉帕戈斯群岛之前，我从没见过像蓝脚鲣鸟这样呆萌可爱的大鸟。如今，我已经把它们和长着红色脚丫的红脚鲣鸟以及长着橙色大嘴的橙嘴鲣鸟通通划入了我最爱的动物名单中，成为我此次加拉帕戈斯群岛之行的新宠。

　　原本在圣克里斯托瓦尔岛上，有一个可以观察蓝脚鲣鸟、红脚鲣鸟和橙嘴鲣鸟的好地方——皮特角，但由于它在圣克里斯托瓦尔岛的北部，距离我们所在的南部港口路程较远，考虑到接下来的各种安排，最后，我们只能遗憾地错过了这次观察的机会。

　　在与皮特角擦肩而过后，我在去巴灵顿岛的那天上午，第一次真正地见到了蓝脚鲣鸟。我记得那天的天气不怎么好，阴沉沉的。我们出海后先坐冲锋艇在岩礁一带巡游了一圈。在一块岩礁上，我惊喜地发现，一双蓝色的大脚丫进入了我的镜头。我的小心脏立刻狂跳起来，这不是我最爱的"小蓝"吗？

没错，我就这样第一次与蓝脚鲣鸟相遇了！

只可惜，这只蓝脚鲣鸟形单影只，好不寂寞。幸好在它的旁边，褐鹈鹕正在展翅起舞，海豹在挠着痒痒，这两位配角很好地衬托出了我镜头下的蓝脚鲣鸟。

蓝脚鲣鸟是一种大型热带海鸟。它们最大的特点就是长着一双引人注目、色彩艳丽的蓝色大脚丫。它们平均体长 80 厘米，翼展可达 1.5 米，体重约 1.5 千克，雌性比雄性稍大一些。它们粗壮的嘴近似圆锥形，又长又直，上下嘴缘均呈锯齿状。值得一提的是，蓝脚鲣鸟的鼻孔是封闭的，所以它们需要用嘴呼吸。科学家认为，这是因为蓝脚鲣鸟喜欢高速俯冲进海里捕食或潜游，所以进化出了这种没有鼻孔的构造。

▶ 巴灵顿岛附近礁石上的蓝脚鲣鸟（成年个体）

快看我的脚丫

蓝脚鲣鸟的袜子

至于蓝脚鲣鸟的脚丫子为什么是蓝色的，这与它们的饮食大有关系。蓝脚鲣鸟喜欢吃沙丁鱼、凤尾鱼和飞鱼等鱼类，而这些鱼类的肌肉中都富含类胡萝卜素，当这些类胡萝卜素进入蓝脚鲣鸟的体内后，会与一些特殊的蛋白质结合，久而久之，就形成了它们独特的蓝色的脚丫。

　　蓝脚鲣鸟长得很呆萌，成年个体与亚成体（指鸟类个体发育中幼体时期之后，成体时期之前的状态）在外貌上有明显的差别。每到繁殖季节寻找配偶的时候，雄性蓝脚鲣鸟会不停地抬起自己那双醒目的蓝色大脚丫左

▸ 蓝脚鲣鸟（亚成体）

右显摆，并张开双翅，以此来吸引雌鸟的注意，确保雌鸟能好好地欣赏自己的双脚，以取得交配权。脚丫越蓝的雄鸟，越有机会获得雌鸟的青睐。炫耀自身的特点是鸟类的一种本能，主要目的是繁育后代，在残酷的自然界里，鸟类的这种行为非常务实。

蓝脚鲣鸟一般是"一夫一妻"制，当然也有个别例外。我本来盼望自己能当个"电灯泡"，看看它们谈恋爱时炫耀美脚的样子，但遗憾的是，它们没给我这样的机会。我只看到它们走路时一摇一摆的姿势，有点像胖大婶逛市场，和它们颜值颇高的面孔可谓是格格不入，看得我直发笑。

繁殖期间，雌性蓝脚鲣鸟每次只产 2—3 枚蛋，雌、雄鲣鸟会

轮流孵蛋，而不孵蛋的一方则负责保卫工作。雏鸟破壳会有先后，先出生的雏鸟有着很大的优势。如果食物短缺，雌、雄鲣鸟会优先哺育先出生的雏鸟，以保证它的存活。

这次来加拉帕戈斯群岛之前，我还查阅了相关资料，一心想目睹一下蓝脚鲣鸟集体入水捕捉海鱼的场面。据说它们捕鱼的本领非常高超，一旦发现爱吃的鱼，就会收拢双翅，头朝下，像一颗流星一样坠入湛蓝的大海。它们冲进海里的速度可达每小时 97 千米，不仅会产生巨大的声响，还能震晕水下深度 1.5 米处的海鱼。钻进海里后，蓝脚鲣鸟会以迅雷不及掩耳之势咬住鱼，并一口吞入腹中，然后再浮出水面。由于每次入水都有生命危险，要是掌握不好位置和角度的话，很有可能会折断脖子丧命，因此蓝脚鲣鸟进化出了坚硬的头部和粗壮的颈部，以此来对抗强大的冲击力。

咦，什么时候能吃饱饭呢

不过遗憾的是，我此次之行没能见到这样的场景。其实，这也不能说是我的运气不好，因为近 20 年来，蓝脚鲣鸟加拉帕戈斯亚种正面临着巨大的困境，繁殖数量持续下降。科学家猜测，很可能是因为人类过度捕捞沙丁鱼，以及反常的气候驱使鱼群改变了生活区域，导致加拉帕戈斯群岛上的蓝脚鲣鸟觅食困难，从而影响了它们的交配和繁殖能力。对于繁殖率本就不高的蓝脚鲣鸟来说，继续按照这样的速度发展下去，它们的数量只会越来越少，这是一件多么令人遗憾的事情啊！

▲ 和海狮做邻居的蓝脚鲣鸟

## 自然思考

**?**

# 逐年减少的蓝脚鲣鸟

自 1997 年开始，厄尔尼诺现象导致加拉帕戈斯群岛附近的沙丁鱼数量骤减，食物短缺使得蓝脚鲣鸟的繁殖大受影响。2001 年以来，加拉帕戈斯群岛的蓝脚鲣鸟数量持续下降，再也没有达到过此前该物种的种群繁殖数量。除非沙丁鱼资源得到恢复，否则蓝脚鲣鸟很有可能变为濒危物种。面对食物短缺的蓝脚鲣鸟，你还会选择吃沙丁鱼吗？

# 19

## 从小窝里斗的橙嘴鲣鸟

哇，前面有一群沙丁鱼

记得在费尔南迪纳岛浮潜之前，我曾坐冲锋艇进行过一次海上巡游。那天，天气阴沉得厉害，中途还下起了雨。后来，雨越下越大，雨点落进大海里，与浪涛声交织成了一支协奏曲。这时候，一对橙嘴鲣鸟母子出现在了崖壁上。

哈哈，继"小蓝"之后，没想到我又遇到"小橙"啦！

不过，由于那天下雨，拍照成了一件极其困难的事。因为所有相机都怕进水，而我又没有把防雨设备带上冲锋艇。最后，我只好把帽子、衣服作为临时的挡雨工具。

我在冲锋艇上一阵手忙脚乱，要对付的不仅仅是摇晃不定的小艇，还有哗哗直下的雨水。我拉开弓步站稳，尽量避免抖动胳膊，一通啪啪啪的快门按下来，橙嘴鲣鸟母子就这样永久地定格在了我的镜头中。

　　橙嘴鲣鸟是一种生活在海岸崖壁上的海鸟。它们的喙呈圆锥形，又长又粗，还非常尖利。不同岛屿上的橙嘴鲣鸟，喙的颜色各不相同，雄性的通常呈明亮的橙色，雌性的多为玫瑰色或粉红色。橙嘴鲣鸟是加拉帕戈斯群岛上体形最大的鲣鸟，体长81—92厘米。除了飞羽和尾羽外，它们大部分的羽毛为白色；眼睛为金黄色，眼部周围呈蓝黑色；翅膀较为狭长，脚粗而短。各种明亮的色彩汇集在它们身上，使得这种大鸟的颜值极高。

　　橙嘴鲣鸟和蓝脚鲣鸟是亲戚，同属鲣鸟科。从前，人们认为它们是蓝脸鲣鸟的一个亚种，直到2000年，橙嘴鲣鸟才成为一个独立的物种。

　　橙嘴鲣鸟喜欢在大而平坦的海岬或海岛上成群筑巢，一般每窝产2枚卵。通常，雌鸟在产完第一枚卵后，要隔一周左右才会产第二枚卵。因此当第二枚卵孵出时，第一枚卵孵出的雏鸟已经长得相当大了。如果它发育良好，就会霸占亲鸟提供的食物，使第二枚卵孵化出的雏鸟无法成活。有时，先出生的雏鸟还会拼命狠啄后出生的雏鸟，并将后者拱出巢穴的阴凉处，使后者在阳光的炙烤下死亡。所以，只有当第一枚卵孵化不成功或者孵化出的雏鸟未能成活时，第二枚卵

看，我们的孩子会飞了

▲ 从小窝里斗的橙嘴鲣鸟

孵化出的雏鸟才有机会成长。

为什么橙嘴鲣鸟妈妈会默许大雏鸟这种故意的行为呢？原来，在自然条件十分恶劣、食物极度紧缺的情况下，橙嘴鲣鸟爸爸需要飞行几百千米去海中寻找食物来喂养孩子。小鲣鸟的胃口又很大，前3个月完全需要靠双亲的喂养才能存活。橙嘴鲣鸟爸爸没有能力同时应付两个孩子，而橙嘴鲣鸟妈妈为了保险起见，一次产下2枚卵，以防把全部的宝押在一个孩子身上。如果大雏鸟没有意外，那么小雏鸟的备胎任务也就终止了。

等到4个月后，大雏鸟的翅膀长成，爸爸妈妈就不再给它喂食了。它必须在10天之内学会飞翔、捕鱼、游泳、躲避海豹等技能；10天之后，它便会成为一只和爸爸妈妈一样坚强无比的海鸟，在加拉帕戈斯群岛向沙丁鱼发起攻击。但是近10年来，沙丁鱼的数量不断减少，这严重影响了橙嘴鲣鸟的种群数量。

在"无限号"上的最后一天，我起了一个大早，独自来到后甲板。这会儿，船上只有工作人员和厨子在上班，开冲锋艇的小哥神秘兮兮地把正在喝咖啡的我拉到一边。哇，没想到一大群加拉帕戈斯鲨鱼出现了！成群的加岛鲨鱼在水下不到1米的地方，给我表演了一场晨间舞剧。

天亮后，几只海鸟从我的头顶飞过。我定睛一看，居然是橙嘴鲣鸟！看来我和它们真是有缘。这不，我们又相遇了。

△ 北西摩岛上空的橙嘴鲣鸟

## 自然思考

加拉帕戈斯群岛的红脚鲣鸟，只有在皮特角才能见到。

### ? 橙嘴鲣鸟不多见

橙嘴鲣鸟分布在加拉帕戈斯群岛和墨西哥以西的一些岛屿上，它们最大的繁殖区就在加拉帕戈斯群岛和马尔佩洛岛，难怪亚洲人和欧洲人都看不到它们。不过，咱们中国的海南岛上有一种红脚鲣鸟，体色清新典雅，红色的脚丫鲜艳夺目，你有见过它们吗？

# 20

## 加岛唯一的土著猛禽：加岛鵟

我是**加岛**的空中霸主

鵟的姿态骁勇，体形巨大，是猛禽中极具气质的一类鸟。我对它们一直充满敬佩。

在来加拉帕戈斯群岛之前，我曾查阅过相关资料，据说这里只有一种土著猛禽，那就是加岛鵟。它们在这里没有任何天敌，高居食物链的顶端。

我第一次亲眼看到加岛鵟，是在离发现蓝脚鲣鸟不远的一棵树上。安静的加岛鵟看上去非常呆萌，它形单影只，既不威武，也不装酷，连眼神也不带有凌厉的冷光，而且很会摆拍，超有镜头感。也许是因为没有天敌，也没有竞争对手的关系，我在加拉帕戈斯群岛上遇到的加岛鵟脾气都好得出奇，这简直刷新了我对鵟的认知。回想起我在旅顺老铁山上看见的那群普通鵟，藐视众人的目光中满是不屑和寒意。我不禁感叹：不同环境里养出来的鵟，这差距也太大了吧！

在加拉帕戈斯群岛，我遇见过三次加岛鵟，每次它们都非常配合我的拍摄。记得我在费尔南迪纳岛见到的那只加岛鵟，貌似还是个歌唱家，从头到尾一直亮着嗓门在高高的枝头上自娱自乐，好似黄鹂一般起劲，完全颠覆了我对猛禽阴郁冷峻的印象。

后来，我还见过一次加岛嘲鸫大战加岛鵟的场景，整个过程令我大为震惊。起因是一只加岛鵟站得离加岛嘲鸫的巢穴太近了，加岛嘲鸫不高兴了，它嫌弃地驱赶着加岛鵟。一只比喜鹊还小的加岛嘲鸫要对付加岛鵟这么大一只鸟，结果会怎么样呢？我们一群人好奇地注视着。

只见加岛嘲鸫这个小家伙唰地冲向加岛鵟，好像在说："你这个大家伙还不赶紧给我走开？赖在我家门口干吗？"勇敢的加岛嘲鸫就这样扇着翅膀一通狠叫猛冲，竟然真的把加岛鵟给轰跑了。

▼ 面对前来吵架的加岛嘲鸫，加岛鵟毫无办法

101

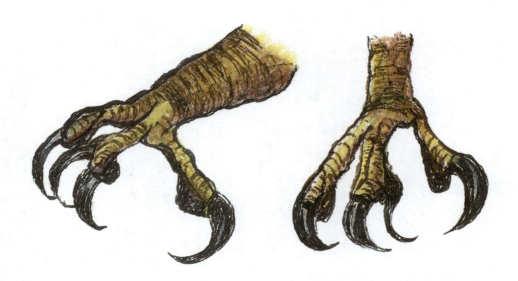

▲ 身居高枝的加岛鵟

这样的结果我们谁都没有预料到。因为对加岛鵟来说，平时吃惯了熔岩蜥和小型鸟类，对付加岛嘲鸫对它来说应该是小菜一碟。也许是这只加岛鵟已经吃饱了吧，所以没有和小小的加岛嘲鸫一般见识。

每年一到海鬣蜥和陆鬣蜥的繁殖期，加岛鵟就会大快朵颐，它们专吃鬣蜥的幼崽。我曾经在纪录片中看到过加岛鵟捕猎海鬣蜥的场景：它的一双利爪，一只按住海鬣蜥的头，一只压住海鬣蜥的身子，海鬣蜥一下子就动弹不得了。接着，加岛鵟抓起海鬣蜥便扬长而去，那气势就好像顺手拎起一只塑料袋。不过这样的场景，我在加拉帕戈斯群岛一次也没有见到，相反，这里总是一幅和谐、美好的画面。

▲ 费尔南迪纳岛的加岛鵟，叫声婉转得不像一只猛禽

自然思考

?

## 加岛鵟

　　有科学家推测，加岛鵟很可能是在 10 多万年前从斯氏鵟分化而来。据说，当时的斯氏鵟偏离了飞行方向，最终落在了加拉帕戈斯群岛，成为这片岛屿的空中主宰。由于在岛上没有天敌，所以加岛鵟不惧怕人类。有记录表明，野外研究人员可以在加岛鵟的自然栖息地抚摸它们。然而，当有幼鵟在场时，成鵟就会表现出强大的领地防御意识。你在中国见过普通鵟吗？

# 21 脖子超带感的褐鹈鹕

▲ 在水中捕食的褐鹈鹕

　　褐鹈鹕就像是加拉帕戈斯群岛动物联盟推选出来的代表，第一个站在圣克里斯托瓦尔岛的莫雷诺港口欢迎第一次到访的我们。从那个夜晚起，每一天我们都会和这些大家伙打照面。它们亲切又平常，给我一种老相识的感觉，以至于后来几天再看到它们时，我都不想举照相机了。

　　每一次出海，我总能在海上见到它们成群结队的身影。在圣克鲁斯岛的鱼市上，它们虽然是等着吃白食的"顾客"，但也彬彬有礼，绝不会去抢案板上的鱼肉，而是看准了渔夫的每一个动作，扔给它们下脚料时，才拥上前去。

　　褐鹈鹕不会潜水，但是它们有自己的捕鱼策略。有的褐鹈鹕会从空中俯冲

下来，袋状的大嘴像渔网一样把水中的鱼网住；有的褐鹈鹕会选择在空旷的水面上捕鱼。它们先在距离岸边不远的地方围成一个半圈，像执行军事行动一样，准确地游向岸边，同时用翅膀拍打水面，把小鱼赶到浅水处，并迅速地将自己的嘴伸进水里兜起小鱼，这种动作不断重复，而且整齐划一。

我在巡游伊丽莎白湾和莫雷诺角的时候，就见过这样的场景。当时，海湾里一片喧嚣，褐鹈鹕成群结队，排成一排，用强壮的翅膀拍击水面，驱逐鱼群，那阵势看得人目瞪口呆。

在众多大型海鸟中，我认为褐鹈鹕的脖子最具特色。我在加拉帕戈斯群岛时，拍下了许多褐鹈鹕的照片，仅仅看它们的脖子，我就能陶醉上半天。它们在飞行时，脖子像英文字母"S"；游泳时，会变成"乙"字形；有肢体接触时，又会把脖子拧得像麻花一样。

褐鹈鹕看上去体形笨重，其实它们的飞行本领很强，展翅翱翔时的样子可以说悠然自得。不过，它们有时候特别吵闹，除了繁殖季节是一对一地活动外，其他大部分时间都喜欢集体行动。想象一下百来只褐鹈鹕同时拍动翅膀击打水面，那场景要多喧嚣有多喧嚣。

**我们的脖子会变形**

在伊丽莎白湾和莫雷诺角巡游的路线上，我还发现了一个有趣的现象：褐鹈鹕总喜欢占据海湾里红树林的树干，恰好这些树就在每一条可纵深进入海湾的通道口上，结果这些褐鹈鹕好像看门的老头一样，目送冲锋艇驶进驶出。它们那副庄重、认真的模样，真是可爱极了！

## 捕鱼能手褐鹈鹕

生活在加拉帕戈斯群岛上的褐鹈鹕属于褐鹈鹕中的一个亚种。它们体长105—135厘米，体重6.5—9千克，嘴形宽大直长，上嘴和下嘴间有一个巨大且能扩缩的喉囊。褐鹈鹕捕鱼时，喉囊会伸长成为一个很大的"鱼兜"，当捕捉到一定数量的鱼以后，它们会闭合嘴巴，收缩喉囊，把水挤出去，然后将食物全部吞下。请问，你在我国境内见过鹈鹕吗？

▶ 夕阳下的褐鹈鹕

# 22

## 不起眼但超能干的海燕与玄燕鸥

我是加岛叉尾海燕

　　小巧玲珑的加岛叉尾海燕是海上的"超速飞行者"，它们如闪电一般掠过海面，炫耀着自己的飞行技能，就像乐此不疲地玩着海上滑板的少年。每当"无限号"停留在海面上时，我总能看到它们飞来飞去的身影。

　　除了加岛叉尾海燕外，加拉帕戈斯群岛上还生活着一种斑腰叉尾海燕，据说它们栖息在赫诺韦萨岛的礁石崖壁上。赫诺韦萨岛是一座很年轻的火山岛，总共才 14 平方米，比我的卧室大不了多少。岛上常年迷雾笼罩，人迹罕至，我们此行没有去。

　　除了海燕科的鸟之外，此次，我在加拉帕戈斯群岛上还见到了一种已经极度濒危的鹱科鸟类——暗腰圆尾鹱。它

我是**斑腰叉尾海燕**

是加拉帕戈斯群岛上的一个特有物种，喜欢在大海上低空逐浪飞行，捕捉食物的时候也是辛劳不已。

　　加拉帕戈斯群岛上还有一种白顶玄燕鸥，我也是第一次见到。这些小家伙喜欢群居在伊丽莎白湾和莫雷诺角的海岸附近，远看就像是一群巧克力色的鸽子，活泼得很。

　　白顶玄燕鸥体形较小，外表质朴无华，它们的前额有一抹明显的白色，从上嘴嘴基一直延伸至眼上和头顶。它们频繁地在海面上空飞翔，一旦落到礁石上时，就会与礁石的颜色融为一体，形成一种天然的保护色。

　　白顶玄燕鸥的适应能力非常强，它们主要以海鱼为食，也吃软体动物、甲壳动物和浮游生物。它们主要在海面上觅食，有时也会娴熟地潜入水下捉鱼。除了捕食小型表层海洋动物外，它们还吃漂浮在海面上的死鱼和其他已经死亡的动物的残体，称它们是"海岸清道夫"可谓名副其实。

我可以和岩礁融为一体

▲ 群居的白顶玄燕鸥

▲ 礁石上的白顶玄燕鸥

# 鸟类的繁殖期

生活在加拉帕戈斯群岛上的斑腰叉尾海燕每年会繁殖两次。处于繁殖期的鸟类需要有充足的食物和相对安全的环境。如果你遇到正处于繁殖期的鸟类，请一定要记住，千万不要去打扰它们，更不要去触摸鸟窝或鸟蛋。你能和你的小伙伴做到吗？

斑腰叉尾海燕的头部

斑腰叉尾海燕的尾部

白臀洋海燕

111

# 23

## 呆萌小宝：加岛企鹅

我是企鹅家族中，身材最小的

在加拉帕戈斯群岛的那些日子，有时我早上5点就会起来去看日出。记得有一回，船舱外的海面还是一片漆黑，我们的船疾驰在伊莎贝拉岛西海岸的伊丽莎白湾附近。我来到甲板上，发现昨夜已下过雨，厚厚的铅色云层遮盖住了朝阳，远处的天边只露出了一条缝隙。我很幸运地见到了云峰后头那一道耀眼的金光，只可惜当天太阳无法灿烂绽放。不过，其实无论有无日出，太阳每一天都会升起，每一个早晨都是独特且美好的。

这次来加拉帕戈斯群岛，我经历了好几次海上巡游，每次总能收获一些意想不到的惊喜。记得在伊莎贝拉岛的莫雷诺角巡游时，我见到了在海里游泳的加岛企鹅。每次看到企鹅，我总会被它们一脸懵懂的表情给萌到，生出一种想保护它们的冲动，眼前这个小到可以抱在怀里，犹如玩具一般的加岛企鹅也不例外。其实对我们人类而言，对待动物最好的态度就是去欣赏它们，不要做额外的事，更不要打破大自然原有的规律和法则。我们人类常常容易站在自己的角度和立场去对待动物，其实并不见得真的知道动物的需求。

　　企鹅共有 6 属 18 种。加岛企鹅是生活在世界最北端的企鹅，也是加拉帕戈斯群岛上的一个特有物种。它们直立时的高度仅为 50 厘米，鳍脚长约 10 厘

▲ 加岛企鹅属于热带企鹅

我生气了，离我远点儿

▲ 加岛企鹅是唯一的赤道地区企鹅

▲ 加岛企鹅与海鬣蜥

天气怎么那么热呢

米，体重在 2 千克左右。加岛企鹅有些独特的地方区别于其他企鹅：脸上有一条白色斑纹，从粉红色的眼睛上方开始向后、向下延伸至颈部；有一条并不明显的灰黑色条纹穿过胸部；鳍脚下裸露的皮肤和眼睛周围的皮肤是粉红色的，还带有一些黑色的斑点。

虽说加岛企鹅是真正的热带企鹅，但要在炎热的赤道附近生活，对这些小家伙来说还是非常不容易的。我们逗留加拉帕戈斯群岛的时间正是当地的 1 月至 2 月，白天岛上的平均气温在 35℃左右，最热时太阳下的气温可达 40℃，加岛企鹅无法长时间在这样的高温环境下生活。所以白天，它们选择跳进相对凉爽的海水中保持身体的温度，到了夜间再回到陆地上来休息。如果不得不顶着烈日在陆地上活动，它们就会将身体前倾，用阴影遮挡阳光，避免自己裸露的双足遭到日光的直射。在非常炎热的情况下，它们还会像狗一样通过快速的喘气

来散发身体的热量。进入繁殖期后，加岛企鹅一般会将蛋产在岩石的缝隙或洞穴中，避免剧烈的日照将蛋烤熟。

　　每次，当我见到那些站在一片黑不溜秋的礁石上的加岛企鹅，看到它们脏兮兮的小脸，就恨不得掏出一块手绢好好给它们擦擦脸。而那些刚游完泳上礁的加岛企鹅，看上去就要顺眼许多。它们油光水亮的出浴模样，干净得好像刚被妈妈从澡盆里拎出来一样，那神情仿佛在说："看，我现在干净了吧？"

　　虽然加岛企鹅通过各种方法，适应了对于企鹅家族其他成员来说近乎不可能生存的环境，但加拉帕戈斯群岛日益变化的气候环境，特别是厄尔尼诺现象（位于近赤道太平洋秘鲁沿岸洋流冷水域的水温异常升高的现象）所导致的海水升温，还是给加岛企鹅带来了不小的打击。再加上人类活动对它们栖息地的破坏，使得如今幸存的加岛企鹅数量仅有 1200 只左右。目前，它们已经是全世界企鹅中，最为稀有的一个物种。

▼ 加岛企鹅善于游泳

▲ 加岛企鹅已是濒危物种

自然思考

## 能在热带生存的企鹅

　　加岛企鹅之所以能够在赤道附近生活，还要归功于加拉帕戈斯群岛独特的气候条件。虽然这里纬度极低，接近赤道，却处于秘鲁寒流的必经之路上，寒流所带来的凉爽海水，为这里的企鹅提供了合适的生活环境。

　　你见过企鹅吗？你能区分它们并叫出它们的名字吗？

117

# 24

## 与海洋动物同游

▲ 圣克里斯托瓦尔岛的海狮

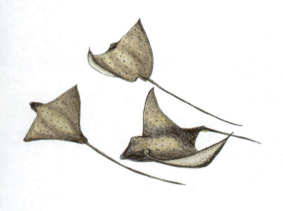

　　加拉帕戈斯群岛是全世界潜水爱好者的天堂，有不少资深潜水家专门选择来这里潜水，一睹神奇的海底世界。由于加拉帕戈斯群岛的海底有四条水流交汇，因此富含营养物的海水翻涌上来，在这里形成了一个非常独特的生态系统。我们乘坐的"无限号"也为大家安排了潜水活动，几乎每一天我们都有下海的机会。

　　在加拉帕戈斯群岛潜水，难度比我在菲律宾时要低不少。在这里潜水无须背氧气瓶，仅靠露出海面的呼吸管即可吸氧；下潜深度也不用太深，心理无须有什么负担，只要把脸探入海中，就能享受完美、震撼的视觉盛宴。

　　在不同的地方潜水，看到的海底景

象是不同的，气温和海浪都会影响海底鱼类的种群分布。费尔南迪纳岛周围的红树林是幼年鲷鱼的"育儿所"。达尔文岛和沃尔夫岛海域生活着种类丰富的礁鲨和迁徙性的双髻鲨。成群的双髻鲨本来是加拉帕戈斯群岛的一大奇景，但遗憾的是，为了满足市场对鱼翅的需求，每年有数千头双髻鲨遭到捕杀。所以为了保护双髻鲨，我们必须从自身做起，拒吃鱼翅，减少鱼翅买卖行为。

　　记得有一次，我在巴灵顿岛附近浮潜时，见到了雀点刺蝶鱼、侧棒多板盾尾鱼、纳氏鹞鲼、双棘海猪鱼，还有各种海星和海胆。活泼、鲜艳的小鱼成群地在我周围穿梭，身躯犹如小圆桌一般的海龟默默地从我身后游来，这是多么和谐的一幅景象啊！这些海洋生物完全把我视作同游者，而非入侵者。海狮更是调皮，三番五次地

▼ 圣克鲁斯岛的海狮

接近我，和我玩耍。当游到离我不到1米的时候，它又忽地转身游开。这般美好的海底游戏，让我觉得这才是人间的童话世界。

不过，如果潜水者在水下遇到鲨鱼，还是一定要选择避让，以免出现意外情况。比如加拉帕戈斯群岛有一种加拉帕戈斯真鲨，外号"食子鱼"。这种鲨鱼体形不大，但非常凶猛，不仅会攻击海豹、海狮、海鬣蜥等动物，而且还"六亲不认"。幼鲨一旦长大离开双亲后，双亲就会对它们不管不顾，有时甚至会"大义灭亲"，一口将自己的孩子吃掉。

在加拉帕戈斯群岛的每一次浮潜，对我来说都像是一次变身，如同"美人鱼"一般的体验让我难以忘怀。尤其是我在圣地亚哥岛的艾格斯港的最后一次浮潜，海底各种银光闪闪的小鱼从我身旁游过：鹦嘴鱼、龙鱼、黄腹炮弹鱼（真多棘鳞鲀）、黑点圆鲀、虾虎鱼、雀鲷鱼、尼氏海猪鱼、贝氏小叶齿鲷、尖头金鳚……我甚至可以清楚地看到它们圆溜溜的眼睛在好奇地打量着我。对它们来说，穿着黑色潜水服的我既无光彩也无姿态，好似一块浮动的大礁石，哪里鱼多就往哪里游，而且速度又慢，完全是个来凑热闹的好奇者。也许是一直待在浅海区的缘故，这次浮潜我并没有与海底的大家伙鲨鱼相遇。不过，与我一起浮潜的同伴看见了小真鲨，估计那是躲着妈妈的小宝宝，所以对人没什么威胁。而且小真鲨也很谨慎，看见游过来了一群人，哧溜一下就逃得无影无踪了。

# 双髻鲨的非凡双眼

　　双髻鲨又叫锤头鲨，长着一个奇特的脑袋，两只眼睛分列在一个宽宽的"锤头（脑袋）"的两侧。为什么双髻鲨会有如此独特的脑袋呢？这个问题一直困扰着科学家。一种理论认为，这种形态的脑袋能改善双髻鲨的视野，但也有人持反对意见。不过有一点可以肯定，这种头形使双髻鲨具有了非凡的 360° 全方位视野。

▼ 在水中嬉戏的加岛海狮

▲ 北西摩岛的军舰鸟

# 25 华丽的抢劫者：军舰鸟

一登上加拉帕戈斯群岛中的圣克里斯托瓦尔岛，我就看见了一身黑色羽毛、尾部呈剪刀状的华丽军舰鸟。

望着天际火红的晚霞，层层叠叠的云霭透过夕阳，在傍晚的天空倾倒出最耀眼的色彩。最底层靠近大海的地方，红光如烈焰一般，亮得几乎让人无法直视，照得大海仿佛要燃烧起来。滑翔在天空中的华丽军舰鸟，瞬间被染成了耀眼的橘色。

我最先看到的是一只前腹部为白色的雌性华丽军舰鸟，它在我头顶不到10米的地方悠闲地滑翔着。接着，一只雄性华丽军舰鸟飞了过来，不过它应该还没有成年，因为按理说，在2月的加拉帕戈斯群岛上，成年的军舰鸟差不多都进入了繁殖期，如果是雄性，鲜艳的猩红色喉囊不可能凭空消失。没过几分钟，三只、四只、五只……一群还未完全成年的华丽军舰鸟飞了过来。它们对船头甲板上的我非常好奇，有时甚至距离我的头顶不到5米。它们的眼睛直勾勾地盯着我，有几只相互之间甚至还聊起了天。仰头看着这些华丽军舰鸟，它们一会儿离我那么近，似乎触手可及，一会儿又忽地飞向高空。我开玩笑地喊："快看啊，这是我放的军舰鸟风筝！"华丽军舰鸟们就这样陪着我玩耍，一直到夕阳西下。

军舰鸟是一种大型热带海鸟，全世界目前已知的共有5种，它们分别是：白腹军舰鸟、白斑军舰鸟、黑腹军舰鸟、阿岛军舰鸟、华丽军舰鸟。其中，华丽军舰鸟和黑腹军舰鸟的最佳观赏地就在加拉帕戈斯群岛。这里的许多岛屿，例如艾斯潘诺拉岛、圣克里斯托瓦尔岛、赫诺韦萨岛和北西摩岛，都可以看到它们。

军舰鸟喜欢翱翔，平时飞行时犹如闪电，是世界上飞行速度最

▼ 正在捕鱼的黑腹军舰鸟

▲ 军舰鸟爸爸和它的宝宝

快的鸟。它们不惧狂风巨浪，即使在 12 级的暴风中也能安全地起飞、降落。不过，军舰鸟也是大海上最华丽的"窃贼"和"海盗"。它们凭借高超的飞行本领，能在高空翻转盘旋，快速地直线俯冲，掠夺其他海鸟刚捕获的鱼。凭借一身绝技，这些"海盗"常凶猛地冲向自己的邻居红脚鲣鸟和蓝脚鲣鸟，抢夺它们口中的食物。呆萌的鲣鸟们往往被吓得惊慌失措，丢下辛苦捕来的鱼，仓皇而逃。这时，军舰鸟一个俯冲，凌空叼住正在下落的鱼，一口吞下。

军舰鸟之所以会成为如此凶猛的"海盗"，其实与它的自身条件有关。军舰鸟的羽毛不像鲣鸟那样防水，一旦下海捕鱼，一个小小的海浪打到它的身上，沾湿它的翅膀，它立马就飞不起来了。如果要亲自捕捉食物，军舰鸟只能捕捉一些靠近水面的鱼。正因为有这样的弱点，军舰鸟才"改行"成为陆地上的抢食者，也有人称它为"强盗鸟"。

除了抢夺这招外，军舰鸟还进化出了一种独特的生存本领：栖息在海岸边的树林中，伺机捕获跳出海面的鱼。

记得有一天傍晚，我们在伊莎贝拉岛塔古斯湾的红树林周围巡游，海湾里有一些大鱼在水中轰赶着鱼群，许多小鱼在逃跑中跳出了海面。黑腹军舰鸟、褐鹈鹕，还有一些其他海鸟猛地一拥而上，狂吃了一顿饕餮大餐，那景象简直令人震撼。坐在冲锋艇上的我们也是异常兴奋，所有人都按下了照相机的快门，"啪啪啪"的声音响成一片。毕竟，这样的机会不是想碰就能碰上的。因为在大部分时间里，军舰鸟都选择在高空中飞翔，看似悠然自得，实则伺机作案。一旦发现其他勤劳的鸟满载而归，它们就会以迅雷不及掩耳之势上前抢劫。

记得在离开加拉帕戈斯群岛的那天早上，我们去了北西摩岛。旱季的岛上，植物都是光秃秃的，看不到太多的绿色。但是，岛上的鸟儿们可就不一样了。它们忙忙碌碌，都在热火朝天地繁育后代。没有鸟儿在意这么一大早的，岛上怎么来了一群两条腿的动物，他们还带着"长枪短炮"，见谁漂亮就一通狂拍。就算距离它们只有1米，这些鸟儿也毫不在意，该干什么还干什么，搞得我们这些闯入者反倒觉得自己怪冒失的，生怕打搅了它们的甜蜜生活。

对鸟类来说，一生只有两件大事——进食和繁殖。正值繁殖期的雄性华丽军舰鸟的喉囊会变成鲜艳的猩红色，膨胀起来像一个巨大的气球，可以用来炫耀并吸引雌鸟的注意。我曾亲眼看见一只雄鸟站在树枝上展示着自己绝美无比的喉囊，用以取悦不时飞过的雌鸟。但那些雌鸟根本连眼睛都没眨一下，一掠而过。我替树枝上的雄鸟干着急，它都这么努力了，这些雌鸟怎么眼光就这么高呢？我站在旁边一直等，可是我的时间有限，8点必须赶往机场了，飞机可不等人。但是，我还没有拍到一张华丽军舰鸟在繁殖期间相亲相爱的照片，这多么遗憾啊！与其说我是替雄鸟着急，不如说是为自己着急。

好在2月的北西摩岛就像一个巨大的繁殖场。我一转身，这边又有一位"男主人"已经搭好了简易

▶ 繁殖期的雄性军舰鸟

的巢穴。这位充满智慧的实力"男主人"很快便招来了寻找"经济适用男"的雌鸟。这只雌鸟也许是被眼前雄鸟的"家当"打动了，于是两只鸟开始接触。看来，军舰鸟的择偶标准也很现实，除了外表、身材，物质更是重中之重。在雌鸟看来，有巢有家，有能力获取食物才是第一位的。

  繁殖期间，当雌鸟产下蛋后，雄鸟的喉囊就会慢慢瘪下去，并变回暗红色。接下来，它要踏踏实实地当爸爸了，无须再炫耀自己华丽的外表。所以，那些收了心的雄鸟都是一副慈爱的模样，和幼鸟亲热得很。

  离开北西摩岛的时候，我一直恋恋不舍，无比希望能在这里多待一会儿，因为我最想见的红脚鲣鸟还没有踪影，也许它们正在岛上的什么地方孵蛋呢。可惜因为要赶飞机，最后，我只能无限遗憾地离开了北西摩岛。

亲爱的，我爱你　　　　　　我也爱你

▲ 处于繁殖期的军舰鸟夫妇

自然思考

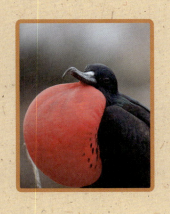

**?**

# 不会游泳的军舰鸟

军舰鸟是一类大型热带海鸟，胸肌发达，善于飞翔，素有"飞行冠军"之称。军舰鸟拥有一对长而尖的翅膀，双翼展开时，两个翼尖间的距离可达2.3米。军舰鸟的脚趾间几乎无蹼，这也说明了它们无法游泳。此外，由于军舰鸟的翅膀没有油层，不防水，无法像鹈鹕那样在水里捉鱼和浮游，所以它们才会选择"抢劫"其他鸟类的食物。

# 26

## 不能飞的弱翅鸬鹚

送你一只海胆

　　弱翅鸬鹚又叫加拉帕戈斯群岛鸬鹚，从名字上我们就能看出，它是加拉帕戈斯群岛上的一个特有物种。

　　弱翅鸬鹚原本拥有一对发达的翅膀，是一种善于飞翔的大型水鸟。大约在 100 万年前，它们的祖先随着西行的南赤道洋流来到了加拉帕戈斯群岛。这里食物丰富，弱翅鸬鹚就选择在这里定居了下来。由于不再需要飞行就能获取食物，所以它们在接下来的100万年里，翅膀退化到不能飞行。这样的演化结果，最终使得弱翅鸬鹚丧失了飞翔能力。

这些不能再飞翔的鸬鹚，最早在费尔南迪纳岛和伊莎贝拉岛的海岸被人发现。它们长相奇特，又长又大的嘴巴可以转过来放到背上；翅膀又短又小，好像发育不良的样子，上面的羽毛也很稀疏，整体看上去与其他鸬鹚很不一样。

不过，弱翅鸬鹚善于潜水，游泳能力堪称一绝。它们能在水中用长钩子一般的喙捕鱼，鳗鱼、章鱼和各种小海鱼都是它们的捕食对象。它们恋爱和求偶的方式也非常特别，雄性和雌性会将脖子弯曲成蛇形，缠绕在一起，相互绕着对方在海上游来游去。

我第一次在加拉帕戈斯群岛上见到弱翅鸬鹚是在莫雷诺角，它位于伊莎贝拉岛西海岸的伊丽莎白湾附近。只见寸草不生的火山岩礁石上，一对眼睛如宝石般湛蓝的弱翅鸬鹚正在孤寂地梳理着各自的羽毛。很难想象，这对爱侣是怎么流落到这里的，因为这

晒一晒我的小翅膀

▼ 海边礁石上的弱翅鸬鹚

▲ 弱翅鸬鹚不会飞　　　　　　　　　　　▲ 弱翅鸬鹚褐色的羽毛呈绒状

　　些黑色的礁石上除了它俩，只剩下一群密密麻麻的海鬣蜥。每只海鬣蜥的身上都沾满了呕吐物和粪便，染得礁石上一片白绿斑驳。看到这样的场景，我不禁感慨：这对弱翅鸬鹚要在这样的地方生活一辈子，需要多少耐心和勇气啊！而它们的对面，就是生长着仙人掌的绿色陆地，可是它们的翅膀已经退化到不能飞行了，永远也无法飞到对面的陆地上去。看着褐鹈鹕们飞来飞去，弱翅鸬鹚琉璃般的眼睛里没有羡慕，反而透出一种宁静和淡然，也许这就是大自然进化后带给弱翅鸬鹚的品质，淡定地接纳现在所拥有的一切。

　　在岛上这些从不远行的日子里，弱翅鸬鹚过得既安然又淡定。它们每天从海里游上岸，张开它们弱小的翅膀，晒晒太阳，然后在岸边静静地待上几个小时，梳理羽毛，闭目养神。只要不是阴雨天，那便是它们最好的时光了。

# 特殊的育儿方式

　　弱翅鸬鹚繁殖时，雌鸟产下蛋后，雄鸟会来一起帮助孵化并喂养幼鸟。在食物充足的情况下，雌鸟会把幼鸟交给雄鸟独自抚养，自己则与其他雄鸟再次组成家庭，生下一窝蛋来孵化。正因为有如此高产的繁殖方式，弱翅鸬鹚这一物种的数量才得以增长。

　　你知道还有哪些鸟也拥有这样特殊的育儿方式呢？

# 27

## 活泼小巧的黄林莺

看我头上的**栗色条纹**，只有**男生**才有哦

▲ 南广场岛的黄林莺

停留在基多的时候，我曾在赤道博物馆出口处的小树林里，被一阵柠檬黄的"鸟浪"吸引，以至忘记了时间。

当时，这些鸟儿的出现令我始料不及。首先是一阵扇动翅膀的呼呼声刮过我的耳膜，接着一抹"柠檬黄"像画笔一般从我的眼前刷过，忽地落在了树枝上。我仔细一瞧，哇，原来是黄林莺！

黄林莺是一种小型鸣禽，它们从头部到腹部全是黄色的，灵秀可爱。看到我一直跟着它们，这些小家伙全都躲进了繁茂的树林深处。只有一只胆大的雄性黄林莺故意把屁股对着我，扭头用挑衅的眼神望着我，仿佛在说："你就拍我的屁股吧！"

的确，这是我最不喜欢的拍摄角

度，我希望它能把正面朝向我。谁知，这只雄性黄林莺非但没有转身，反而还慢条斯理地梳理起了羽毛。只见它先打开左边的翅膀，接着抬起右边的翅膀，然后又低下头清理起了腹部的羽毛……看样子，它压根不会依照我的想法转过身来了。

我只好放下照相机，拿起挂在脖子上的望远镜对准它。嘿！这下正好让我看清楚了它头顶上清晰的栗色宽条纹——这是雄性黄林莺独有的特征。

黄林莺亚种众多，这次我在基多见

▲ 在枝头跳跃的黄林莺

到的和之后在加拉帕戈斯群岛见到的，应该分属不同的亚种。黄林莺一般体长 12—13 厘米，体重 9—16 克，寿命约为 10 年。它们个头小小的，羽色艳丽，头顶和喉部为金黄色，背部为黄绿色，胸腹部有放射状栗色条纹，飞羽黑白相间，有白色或黄色的羽缘。到了繁殖季节，雄性黄林莺更是会通体呈现出鲜艳的金黄色，非常引人注目。除了外形小巧的特点外，黄林莺还善于鸣啭，叫声悦耳动听。

与雄性黄林莺相比，雌性黄林莺则要低调得多，两者简直不像是同一种鸟。成年雄性黄林莺的头部多为金黄色并带有栗色条纹，但是雌性就不具有这些特征，身上也没有栗色，这是为什么呢？

一般来说，大部分鸟类都是雄性长得漂亮，因为雄性需要用华丽的羽毛来炫耀自己，目的就是为了吸引雌性的注意。雌性的羽毛颜色普遍比较质朴，它们的主要任务是繁育、保护下一代，如果羽色过于华丽、招摇，就容易被天敌发现，对自己和幼鸟的安全造成

# 我发现了一只虫子

威胁。所以在自然界中，雌鸟和雄鸟因为分工不同，羽毛的颜色就会出现很大的差别。

我在加拉帕戈斯群岛上观察到的黄林莺都非常喜欢跳到仙人掌上去捕捉昆虫。不过遗憾的是，我没能发现它们的巢。据说，黄林莺的巢形状像杯子。巢建好后，棕头牛鹂会伺机把自己的蛋产在黄林莺的巢中寄生。不过，黄林莺妈妈都很聪明，它们会识别巢里的异类，并再建一个新的巢或者干脆放弃原来的巢。曾有新闻报道，在同一个繁殖期内，牛鹂妈妈产了 5 次蛋，每次都放在黄林莺的巢里，害得黄林莺不得不一而再、再而三地盖新房子。连续盖了 6 次房子，任谁都要被气翻了，但娇小的黄林莺没办法啊，碰到这么一个倒霉的邻居，不是说搬走就能搬走的。

▼ 黄林莺的叫声婉转动听

## 黄林莺的亚种区别

　　黄林莺广泛分布于美洲地区，亚种众多，通常可分为3组。北美组，主要生活在美国和加拿大的温带地区，冬天会飞至中美洲或南美洲越冬；中美组，主要生活在西印度群岛，夏季雄鸟头部的栗色条纹或斑块非常明显；南美组，主要生活在南美洲中部沿海和北部的红树林沼泽中，夏季雄鸟整个头部都为栗色。

　　鸟类的不同亚种之间，多多少少都会有些差别。你能列举出几种鸟亚种间的区别吗？

# 28

## 鹭科朋友们，集合啦

　　我在塔古斯湾托图加角的红树林下，见到过一只夜鹭的亚成体。当时，它正望着水面出神。这只夜鹭的亚成体全身棕色，带有香槟色的斑纹，双腿、双脚呈淡雅的黄绿色，虹膜黄色。色彩赋予了它稚嫩的调性，不过，它头顶迎风飘舞着一撮短羽，仿佛即将谢顶的中年人，看上去比成年的夜鹭还要老成，一副未老先衰的样子。

　　成年的夜鹭，从头顶到后背都是蓝黑色的，身上有着金属般的光泽，腹部为白色，枕部披有2—3枚长带状的白色饰羽，下垂至背上，虽说不算英俊，但至少非常醒目。由于夜鹭的脖子不长，所以看上去总像是一个背着手的小老头。

　　我和绿鹭的相遇是在巴托洛梅岛上。当时，海浪成了背景，一只绿鹭的亚成体正好来到我的镜头前。原本，绿鹭的次级飞羽以及大、中覆羽应该展现出金属般的铜绿色光泽，但由于当时光线的原因，那一刻绿鹭身上的羽毛看上去似乎还是以褐色和黑褐色的居多。它的下巴、喉、胸、腹部中央都夹有少许白色羽毛，尾下羽是灰白色的。不过，它金黄色的虹膜非常醒目，一眼就能看到。过了一会儿，这只绿鹭转过身来，这时阳光直射到它的身上，铜绿色的光泽一下子就显现了出来。

　　绿鹭亚种众多，加岛绿鹭和咱们国内的绿鹭还不一样。它们身上的羽色更暗，长着长长的喙，专为吃鱼而生。不过，今天我遇到的这只绿鹭一直徘徊在海边，似乎没有找到心仪的午餐。

137

把**脖**又缩起来，

　　我见到黄冠夜鹭的经历也发生在巴托洛梅岛上。当时，一只缩着脖子的黄冠夜鹭仿佛一个坛子，站在礁石上一动不动，活像一尊雕塑。它的额顶有一抹淡金色的羽毛，类似皇冠，枕部的三根饰羽像是清代官员帽子上的顶戴花翎，直挺挺地插在脑后，有种戴错了帽子的感觉。

　　看，黄冠夜鹭也是个背手的小老头吧！瞧它那眯着眼睛的样子，就跟北京胡同口晒太阳的老爷爷一模一样。

　　加拉帕戈斯群岛上还有一种牛背鹭，不过我只见过它们一次，那是在象龟自然保护区内。远远地，我就发现一只全身雪白的牛背鹭正在警觉地查看四周。牛背鹭也属于鹭科，它们体形较大，成鸟有夏羽和冬羽之分。繁殖期间，它们的头、颈、喉、上胸及背部

◀ 站在岩洞里的黄冠夜鹭

▲ 伊丽莎白岛塔古斯湾的绿鹭　　　　　▲ 象龟自然保护区的牛背鹭

中央的蓑羽为橙黄色，背部蓑羽向后延伸至尾羽或超过尾羽；繁殖期过后，覆盖在它们身体表面的体羽会变为纯白色。

　　在加拉帕戈斯群岛，适合牛背鹭生活的地方并不多，它们绝对是一个外来物种。也许，象龟保护区内有一些类似沼泽的地方，吸引了牛背鹭来此居住。

　　或许有人要问，如果牛背鹭正好站在象龟的背上，是不是要改叫"龟背鹭"了呢？当然不是，它还是应该叫牛背鹭。一种鸟的名字被固定下来后，不能随意改变，也不能因为我们觉得另一个名字好，就任意改成另一个名字。鸟类的名字一般在国际上都有相对应的拉

我可不是吃素的

救命啊

▲ 圣克鲁斯岛鱼市顶棚上的大蓝鹭

丁学名和英文名。大家如果以后有机会出国观察鸟类，以国际上通用的标准名字来称呼它们，会更容易与其他鸟类爱好者沟通。

除了以上这些鹭科朋友外，我还在圣克鲁斯岛鱼市的顶棚上见到过大蓝鹭。大蓝鹭同样属于鹭科，共有 5 个亚种。成鸟体长可达 1.5 米，全身大部分羽毛呈灰蓝色，胸口和背部有丝状羽饰，枕部有两枚黑色长条形羽毛形成的冠羽，悬垂于头后。风吹起来的时候，它全身的羽饰都会飘舞起来，有点仙风道骨的味道，很像我们中国武侠小说中的隐士。它们长长的喙就像一把大夹子，能稳、准、狠地捉住小海龟、小青蛙、小鱼等猎物。

气质如此仙的大蓝鹭当然不会扎堆凑数，它们独来独往，眼神犀利。我在圣克鲁斯岛的鱼市上见到的那只大蓝鹭，就是一副唯我独尊的架势。它高高地站在鱼市的顶棚上，绝不允许自己和海鬣蜥、褐鹈鹕一起在小贩那里等着吃鱼的下脚料。

看吧，气质孤高的鸟就是这么决绝！

▲ 夜鹭的亚成体

自然思考

## 鹭科鸟类

　　鹭科是一种很古老的鸟类，大约在5500万年前就已在地球上活动。它们一般都是大、中型涉禽，主要生活在湿地及林地附近，是湿地生态系统中的一个重要指示物种。同时，鹭科也是人类认识较早的鸟类之一，由于它们体态优美，常成为古人诗歌中赞美的对象。

　　在中国，鹭科动物非常多，共有9属20种，你见过它们吗？

我有**大长腿**，
不要**嫉妒**哦

# 29

# 鸻鹬类的小家伙们

费尔南迪纳岛是加拉帕戈斯群岛中的第三大岛，方圆 635 平方千米，岛上地势起伏，无人居住，有一座孤立的活火山。

2019 年 2 月 20 日，厄瓜多尔环境部长曾宣布在费尔南迪纳岛上发现了原本以为早已灭绝的费尔南迪纳象龟。这给生物界带来了巨大的希望，但这只 100 多岁的雌龟至今没遇到雄性的费尔南迪纳象龟，或许它最后只能像"孤独的乔治"那样，终老于达尔文研究中心。

我们登上费尔南迪纳岛的时候，一只象龟也没有发现，倒是见到了不少鹬类家族的鸟。

在被冲起白色巨浪的礁石旁，我发现了一只美洲蛎鹬。一开始，我百思不

▲ 美洲蛎鹬和它的宝宝

得其解，为什么距离我们只有 3 米，它还这么淡定呢？我往稍远处一看，这才发现原来它是一位尽心尽职的妈妈。只见在距离它不到10 米的礁石上，一只美洲蛎鹬宝宝正在跳来跳去地玩耍呢！

美洲蛎鹬的喙红得耀眼，特别醒目。它们还长着两条浅粉色的腿，别看这双腿不怎么长，跑起来可是健步如飞，一点也不含糊。蛎鹬科的鸟共有 11 种，我国只有一种蛎鹬，所以我们平时想在国内看到它们可不容易呢！

为了不影响这对美洲蛎鹬母子，我拍好照片后赶紧离开了它们。就在我转身的一瞬间，一只翻石鹬和海蟑螂狭路相逢。海蟑

# 我的嘴就是一双筷子

蜥显然不会吃翻石鹬，而这只小小的翻石鹬看上去应该还未成年。它的羽色比较浅，头顶和枕部也还没有长出巨细的黑色纵纹，胸和前颈的羽毛也不怎么黑，肩背也没有出现橙红色，只有一双橘黄色的脚被黑色的礁石衬得格外显眼。

别看翻石鹬长得不起眼，它们可是了不起的"旅行专家"。在北极圈冻土地带繁殖的翻石鹬，喜欢去欧洲西部越冬，然后一路从非洲西北部经非洲南部、亚洲东南部来到大洋洲，甚至南美洲、太平洋群岛等地生活。翻石鹬不属于留鸟（终年栖居在生殖地域，不依季节不同而迁徙的鸟类），它们在迁徙的过程中有时也会路过我国，有些翻石鹬甚至会留居我国，我在广东省沿海就见过它们。

平时，翻石鹬喜欢栖息在有岩石的海岸、海滨沙滩、泥地或潮涧地带。迁徙期间，它们偶尔也会出现在内陆湖泊、河流、沼泽以及荒原和沙石地带。这些行走时步履蹒跚、奔跑起来却异常麻利的

▼ 翻石鹬遇到海鬣蜥

144

小家伙，虽然飞得不算太高，但意志坚强，不愧为"旅行专家"。

在伊莎贝拉岛上，我还见到过红颈瓣蹼鹬。这种鸟喜欢成群活动，特别是在迁徙和越冬期间，常集成大群，有时数量达几万只，甚至十几万只。红颈瓣蹼鹬喜欢在水面上进食，所以我总是见到它们不停地在海面上游弋，就像鸭子似的。它们的羽毛厚密，不透水，其间充满空气，能使它们很好地漂浮在水面上。

红颈瓣蹼鹬喜欢吃水生昆虫和甲壳动物。它们有自己的捕食诀窍，有时，你看它们好像总是在浅水区不停地旋转打圈，其实这是它们在捕食水面上被激起的浮游生物。

三趾滨鹬一看名字就知道它们的每只脚上长有三趾。我是在圣地亚哥岛的海滩上见到它们的。它们的羽色几乎和沙滩的颜色一致，不过长长的喙和脚却是黑色的，一下子吸引了我的注意。三趾滨鹬喜欢赶海，会随海水的涨落在海边来回不停地奔跑。当潮水后退时，它们会快速啄食退潮后露在沙滩或浅水区的小型甲壳动物；当潮水上涨时，它们会立刻后退或急速闪开。就这样，它们成天忙碌地沿潮汐线觅食，甚至不怕危险，遇到人也不会逃跑。

▼ 圣地亚哥岛的三趾滨鹬

除了三趾滨鹬外，我还在加拉帕戈斯群岛上见到过一种喜欢在海边礁石旁觅食的鸻科鸟类——半蹼鸻。遇见它的时候，我请教了鸟类专家范洪敏老师。她告诉我："这种鸟的名字是根据它的形态特征来命名的。叫半蹼的鸟，趾间都会有一些蹼，能在浅水区浮游，但不擅长游泳，所以很少出现在深水区。"

　　半蹼鸻属于候鸟（随季节变化作定时迁徙而变易栖居地区的鸟类），多活动于南美洲，喜欢在高纬度地区繁殖，我国境内有一个亚种。

　　我在圣地亚哥岛的海边看到半蹼鸻时，它正形单影只地走在岩石上。按照半蹼鸻的习性，它们应该是一种高度集群的鸟，繁殖期间的雄鸟和雌鸟还会共同孵蛋，照料幼鸟。这只半蹼鸻把我们引向了一群翻石鹬，趁着我们给翻石鹬拍照的间隙，这个小家伙自己溜掉了。嘿，它还真聪明！说不定，它故意引开我们，是为了赶紧跑回家去照顾正在孵蛋的伴侣呢！为了妻儿老小的安全，这只半蹼鸻真是够机智的。

▼ 半蹼鸻的喉部到枕部有一圈白色的羽毛

# 鹬科和鸻科的区别

　　鹬科和鸻科同属鸻形目，它们是"鸻鹬类"家族最重要的成员，经常有人把它们混为一谈。其实，它们在外形上有不少区别。鹬科的水鸟大多具有涉禽的"三长"特征——长嘴、长脖子、长腿，它们能够在海滩和浅水区自如行走，低头觅食。但是鸻科的鸟类不同，它们的"三长"特征并不明显，有的甚至还是短嘴、短脖子、短腿的小家伙。这类鸟喜欢蹿来蹿去，飞行的速度超级快，眼睛很大，萌态十足。

　　你能列举出几种自己见过的鸻鹬类的鸟吗？

▼ 伊莎贝拉岛附近海面的红颈瓣蹼鹬

# 30

## 斑颊哀鸽和加岛哀鸽

我的**歌声**会让你**流泪**哦

　　哀鸽，如果仅仅看外表的话，大家可能无法理解它们为什么会有这样一个哀伤的名字，因为无论是斑颊哀鸽还是加岛哀鸽，它们都长得精神抖擞，眼睛睁得大大的，一副好奇的样子。不过，只要它们一张嘴，声音一出口，天哪，那可真是悲切之音。也许作为人类，我们无法理解鸟类的语言吧。

　　哀鸽和我们平时常见的鸽子，也就是家鸽，可以算是"兄弟"。大家都知道，鸽子在世界各地都有分布，它们品种繁多，羽毛颜色各异，有灰、青、白、黑、绿、红等色。不过，哀鸽虽然数量众多，却仅分布于中美洲和北美洲及其近海岛屿。

　　与许多善于筑巢的鸟类相比，哀鸽

天生不是优秀的建筑家。求偶后，雄鸟会带着雌鸟去看可以筑巢的地点。哀鸽的巢穴一般由雌鸟负责搭建，雄鸟会外出寻找搭建巢穴的材料。每天，它们花费在筑巢上的时间超过10个小时。在这样辛苦劳作三四天后，它们才能勉强搭好一个脆弱的鸟巢。有时，哀鸽甚至会放弃自己筑巢，寻找其他鸟类的巢或者松鼠不用的窝。

哀鸽的繁殖力很旺盛，筑巢后，一对哀鸽每年通常会产2—3窝蛋。刚孵出的哀鸽宝宝浑身长满绒羽，在它们生命最初的三四天里，需要父母喂食鸽乳（鸽的嗉囊结构在育雏期间分泌出的干酪状乳汁）并给以精心照料。待羽翼丰满后，它们便可以自行出巢寻找食物。

▲ 厄瓜多尔首都基多的斑颊哀鸽

149

因为我有**蓝眼圈**，所以我是**加岛哀鸽**

在基多的老城区，许多楼房的阳台和房檐处都能见到斑颊哀鸽。它们的外表与已经灭绝的旅鸽很像，不过体形要比旅鸽的小一些。这些居住在人类城市里的斑颊哀鸽通常喜欢成群地凑在一起，它们的羽毛大多是灰褐色的，眼部下方有一个明显的黑色新月形，头部和胸腹部呈淡淡的粉红色，翅膀上有黑色斑点，外层尾羽为褐色，与内层的黑色羽毛形成鲜明的对比。它们最明显的特征是脸颊处有一块明显的斑纹。成年的雌性斑颊哀鸽在体色上与雄性差别不大，但整体上看，棕色的羽毛会更多一些。雌雄斑颊哀鸽都是红色的脚，三趾朝前，一趾朝后。它们的数量很多，全世界目前大约有 1.3 亿只。

加岛哀鸽一听名字就知道，它们是加拉帕戈斯群岛上特有的物种。它们在加拉帕戈斯群岛很常见，我在圣克鲁斯岛上就见过它们。加岛哀鸽羽毛整体呈咖啡色，眼睛裸皮处内圈为淡蓝色，外圈为黑色，胸部略呈浅粉色，尾羽有一道深咖色的斑纹，翅膀上有深咖啡色、浅咖啡色和白色相杂的羽毛，看上去比斑颊哀鸽要花哨不少。此外，加岛哀鸽的喙比斑颊哀鸽要长，并且向下弯曲生长。

我在加拉帕戈斯群岛上见到的每一只加岛哀鸽都长得圆滚滚的，脚掌结实有力。它们在陆地上行走的时候，猛一看像是昂首挺胸的母鸡。不过，相对岛上的其他鸟类来说，加岛哀鸽似乎更怕人一些。我在海岛徒步时如果遇到加岛哀鸽，它们会大眼睛一瞪，瞬间蹿进灌木丛，不见了踪影。

## 自然思考

# 古老的哀鸽

　　哀鸽是一个古老的物种，最早的化石记录可追溯到 180 万年前。1931 年，鸟类学家亚历山大·韦特莫尔在美国佛罗里达州圣彼德斯堡附近的塞米诺尔人居住区首次发掘出哀鸽的化石。在人类出现之前的自然遗址和其他一些史前人类的遗址中，都能找到哀鸽存在的证据。不过遗憾的是，由于存在的化石都是一些零散的碎片，古生物学家无法对哀鸽的演化做进一步研究。

　　在我国，你见到过多少种鸽子？你能说出它们的名字吗？

# 后记

这些年，我走过地球上的许多地方，见识过各种绮丽壮阔的风景，观察过许多野生动植物，也目睹了人类在发展中给自然带来的破坏。如何让更多的人，特别是青少年了解到地球如今岌岌可危的生态现状？如何唤醒他们对地球未来命运的思考？我在思索这些问题的时候，萌生了要将自己这些年行走中的所见所闻写成一套博物笔记的想法。在这一辑中，我首先挑选了自己在世界各地旅行考察中，到过的最具代表性的四个地方：北极、南极、南美洲的加拉帕戈斯群岛以及非洲。毫无疑问，这些地方都拥有独特的生态、壮丽的风景、奇特的生物；但同时，这些地方也因人类的干扰，在生态环境上发生了许多不可逆转的改变。

我去北极时，考察了位于北冰洋上的斯瓦尔巴群岛。这里的自然环境原始而美丽，但同时又非常脆弱。斯瓦尔巴群岛的"旅游指南"上有这样一句话："记住，你只是一名客人，请不要在北极地区乱丢垃圾！"因为季节的关系，不同时间来斯瓦尔巴群岛能观察到的野生动物是不同的，但其中，野生北极熊的生存现状无疑是所有人最关心的焦点。

当我深入南极时，印象最深的当属南极洲的奇特感。南极洲的冰山是蓝色的，带着"烟熏妆"的黑眉信天翁会和企鹅吵架，像绅士一样穿着燕尾服的公企鹅也需要负责孵蛋……南极洲的大地静寂到什么声音都没有，如果不是偶尔掠过的棕贼鸥在叫，如果不是一只企鹅摇摇摆摆地从我身边擦腿而过，如果不是因为寒冷冻得我的手生疼，我恍惚以为眼前的一切都是梦境。然而就是在这样纯净的土地上，人类也曾大肆捕杀鲸鱼、海狮等，让这些大自然中的生灵陷入了悲惨的境遇。

我在加拉帕戈斯群岛期间，常常往返于各岛之间，遇到野生动物全凭偶然的机遇和一双慧眼。由于地理位置极其特殊，加拉帕戈斯群岛不仅成为热带海鸟和滨岸水鸟的居住圣地，更孕育了5种岛上特有的哺乳动物。同时，来自南部的秘鲁寒流和来自北部的赤道暖流交汇于此，使得这里的海洋生物异常丰富，喜寒、喜暖的动物一应俱全。

我来到广袤的非洲大草原，见到了猫科动物的代表雄狮和豹子，令人震撼的角马群和犀牛群，有幸得到救助的大象孤儿们，还有数不清的各种漂亮鸟类……它们的命运正慢慢被人类和环境所改写。作为世界第二大洲，非洲大陆既是古人类和古文明的发源地之一，也是野生动物种类极为丰富的一块充满野性的大陆。但如今，频繁的自然灾害、快速的经济发展都在影响着动物们的栖息地，使它们的生存面临着前所未有的危机。

作为一名自然保护者，我希望能用自己的文字、画笔和摄影作品记录下地球不同角落的真实现状，让更多人了解到地球生态的困境和急需解决的问题。接下来，我还将聚焦国内，继续创作，用我手中的笔描绘祖国大好河山中四季的交替与动植物的和谐共生，展现生命的力量、自然的力量。

人与自然是永远不可分割的命运共同体，我们只有学会尊重自然、顺应自然、保护自然，才能实现"人与自然和谐共生"

的美好愿景。"万物各得其和以生，各得其养以成。"生物多样性是地球生命共同体的血脉和根基。保护生物多样性，就是保护我们共同的地球家园。

最后，诚挚感谢中国科学院院士、中国科普作家协会理事长周忠和先生为我的这套书作序，并给予的赞赏和肯定。同时，诚挚感谢担任这套书审读工作的国家动物博物馆首席顾问孙忻老师，他不仅是我非洲、北极行程中的自然导师，更是国内最早倡导博物旅行的专家之一。我在行程中的记忆和记录难免有误，孙忻老师不辞辛劳，在忙碌的工作之余审校几十万字、上百张照片和图片，确保了本套书的准确性和科学性。感谢我所有行程的领队、《国家地理》摄影师赵超，他不仅让我掉进了自然探索之"坑"，也让我发现了自然教育的魅力。感谢鸟类专家范洪敏、李思琪，以及生物艺术老师可莱，同行期间，不论是白天还是夜晚，他们都会随时解答我的提问。感谢为这套书付出辛苦努力的浙江少年儿童出版社的编辑们，还有装帧设计师土豆。两年来，大家为这套书付出了辛勤的汗水。

记录，是人类才有的能力；它把记忆延长，让回忆变得清晰。生命中的行走还会继续，我期待仍旧与大家同行，记录那些值得留住的瞬间。